Aus der italienischen Küche

Olivenöl

Aus der italienischen Küche

Leonardo Romanelli
Gabriella Ganugi

COLLECTION ROLF HEYNE
MÜNCHEN

Ebenfalls in dieser Reihe:
Käse
Pasta
Salami & Schinken

Titel der italienischen Originalausgabe: Italian Pantry – Olive Oil
Ins Deutsche übertragen von Christiane Gsänger

Umschlaggestaltung: Hauptmann und Kampa Werbeagentur, CH-Zug,
unter Verwendung eines Fotos von StockFood/Bodo A. Schieren, München
Fotografie: Marco Lanza, Walter Mericchi, Rosalba Gioffrè
Grafische Gestaltung: Marco Nardi
Redaktion und Satz: Redaktionsbüro Weinberger, München
Herstellung: Karlheinz Rau, München
Druck und Bindung: Nuova G.E.P.
Printed in Italy

ISBN 3-453-18572-2

Inhalt

Olivenöl wird heutzutage weltweit als eines der gesündesten Fette betrachtet. Der griechische Arzt Galen kannte und beschrieb bereits im 2. Jahrhundert n. Chr. die heilsame Wirkung dieses Öls.

Einführung

Olivenöl stammt aus dem Mittelmeerraum und gehört zu den Hauptzutaten der mediterranen Regionalküchen. Richtig hergestellt, ist natives Olivenöl extra eines der reinsten und gesündesten Fette. Dieses vielseitige Öl kann man nicht nur für Salate, sondern auch als Bratfett und sogar zum Backen einsetzen. In einigen Teilen Italiens wird es anstelle von Butter in Plätzchen und Kuchen verwendet. Am besten zur Geltung kommen gute Olivenöle bei einer einfachen *bruschetta* – getoastetem Brot, mit Knoblauch eingerieben und mit Olivenöl beträufelt. Gewürzt wird mit etwas Salz und Pfeffer. Dazu schmeckt ein grüner Salat oder eine Scheibe Pecorino ausgezeichnet.

Gemischte frische Blattsalate sind eine leckere Vorspeise oder Beilage. Für das Dressing Salz, Pfeffer, Essig oder frisch gepressten Zitronensaft und Olivenöl verrühren und kurz vor dem Servieren unter den Salat mischen. Oder die Zutaten – wie in Italien üblich – nacheinander über den Salat geben, wobei das Öl immer zum Schluss darüber geträufelt wird.

Olivenöl verbindet auf einzigartige Weise kulinarischen Genuss mit den Vorzügen gesunden Essens. Dank seines hohen Gehalts an essentiellen Fettsäuren bietet das native Olivenöl extra wahrscheinlich einen wirksamen Schutz vor Herzerkrankungen und Arteriosklerose. Zudem soll es den Alterungsprozess verlangsamen. Es verringert die LDL-Werte, das heißt, es senkt den Spiegel des »schlechten« Cholesterins (LDL = low density lipoproteins – Lipoproteine mit niedriger Dichte) und erhöht den HDL-Spiegel, also den Anteil des »guten« Cholesterins (HDL = high density lipoproteins – Lipoproteine mit hoher Dichte). Das hochwertige Öl ist in jeder Form – roh oder gegart – leicht verdaulich. Durch seinen hohen Gehalt an den Vitaminen A, D und E wirkt es

vorbeugend gegen Verdauungsbeschwerden und Osteoporose. Täglich morgens nüchtern einen Esslöffel natives Olivenöl extra einnehmen, hilft gegen Verstopfung. Äußerlich kann es bei Arthritis angewendet werden. In der Antike massierte man bei Kopfweh oder Migräne die Schläfen mit dem Öl und behandelte damit Zahnfleischprobleme.

Olivenöl zersetzt sich selbst bei starker Erhitzung kaum. Den Rauchpunkt, an dem Fett gefährlich wird, weil es sich entzünden kann, erreicht es bei weit höheren Temperaturen als jedes andere Öl. Verwendet man es roh, zum Beispiel im Salatdressing, benötigt man dank seines kräftigen Aromas sehr viel weniger als von anderen Ölen.

Ende November, wenn die neuen Öle der Toskana auf die Märkte und in die Läden kommen, ist die ideale Zeit für *fettunta* (dies ist das toskanische Wort für *bruschetta*). Das pfefferige Öl und die Schärfe des Knoblauchs gehen mit dem ungesalzenen Brot der Toskana eine köstliche Verbindung ein.

In der Olivenölproduktion steht Italien an zweiter Stelle hinter Spanien, wobei das native Öl extra Italiens den besten Ruf hat. Dieses Buch macht Sie mit den Olivenölen aller Erzeugerregionen Italiens bekannt. Sie erfahren, woran Sie gutes Öl erkennen, wie Sie es verwenden und lagern können. Dazu gibt es Tipps, welche Lebensmittel sich besonders gut mit Olivenöl kombinieren lassen. Und Sie erhalten einen Einblick in die Herstellung und Geschichte.

Oben: Griechische Vase, die einen Mann mit einem Ölzweig zeigt, der ein Trankopfer darbringt. Er gießt zu Ehren der Götter oder Toten eine Flüssigkeit ins Feuer oder auf einen Altar. Rechts: Öllampe aus der römischen Stadt Caesarea.

Unten: Auf der antiken griechischen Vase sind Bauern bei der Olivenernte abgebildet. Sie holen die Früchte mit langen Stangen aus den Bäumen. Diese Methode wird auch heute noch angewendet. Eine Sage erzählt, dass Zeus die Stadt Athen dem Gott oder der Göttin zuerkennen wollte, der das nützlichste Geschenk brächte. Athene schuf den Ölbaum und gewann den Wettbewerb.

Geschichte des Olivenöls

Der Ölbaum stammt aus dem östlichen Mittelmeerraum, wo er vermutlich als eine der ersten Pflanzen kultiviert wurde. Aus Aufzeichnungen weiß man, dass auf der Insel Kreta schon um 3500 v. Chr. Ölbäume wuchsen. Im Altertum galt der Ölbaum bei allen Mittelmeervölkern als heilig, und sein Öl wurde bei religiösen Zeremonien verwendet. Die Ägypter betrachteten Öl als Göttergabe, die Phöniker nannten es »flüssiges Gold«, die Hebräer salbten ihre Könige damit.

Die Griechen brachten den Ölbaum nach Italien, die Etrusker verwendeten als Erste das Öl zum Kochen. Zuvor wurde es in der Medizin, der Kosmetik oder als Brennstoff in Lampen eingesetzt. Die Römer verbrauchten Olivenöl in großen Mengen. Viele Schriftsteller beschrieben seine Herstellung und seine Vorzüge. Columella nannte den Ölbaum im 1. Jahrhundert n. Chr. in seiner Abhandlung *De re rustica* »die erste aller Pflanzen«. Als die Römer den Mittelmeerraum eroberten, teilten sie ihre neuen Provinzen in Öl produzierende Gebiete ein. Rom bildete das Zentrum des Ölhandels. Preise, Handelswege und Vorräte wurden von der *Arca olearia*, einem Finanzmarkt der Hauptstadt, kontrolliert.

In den Jahrhunderten nach dem Fall des Römischen Reiches erschien der Anbau von Ölbäumen den Herrschern zu zeitaufwendig. Christliche Klöster, in denen die Mönche das Öl für ihre religiösen Riten brauchten, bewahrten die Kunst der Ölherstellung. Als sich nach 1100 die Wirtschaft erholt hatte, verbreiteten sich Ölbaumkulturen wieder in ganz Italien. Im späten Mittelalter verwandelte sich Süditalien, vor allem Apulien, in einen einzigen großen Olivenhain.

In der Bibel spielt der Ölbaum häufig eine bedeutende Rolle. Nach der Sintflut bringt eine Taube Noah einen Ölzweig, der ihn überzeugt, dass die Fluten zurückweichen. Die Olive und ihr wertvolles Öl sind feste Bestandteile christlicher Symbolik und Riten (z. B. als Friedensgabe). In der katholischen Kirche wird Olivenöl bei zahlreichen Zeremonien verwendet – von der Geburt (Taufe) bis zum Tod (Letzte Ölung).

Die Kaufleute der reichen Stadtstaaten in Mittel- und Norditalien, wie Venedig, Florenz und Genua, exportierten italienisches Olivenöl nach Ägypten, in das byzanthinische Reich und die Städte Nordeuropas.

Ölbaumanbau und Ölhandel florierten im 16. und 17. Jahrhundert, nur gelegentlich durch Missernten oder schwierige Marktlage eingeschränkt. Im 18. Jahrhundert klassifizierte man Ölbäume erstmals nach ihrer geografischen Herkunft. Italienisches Olivenöl wurde international für seine Qualität und seinen Geschmack bekannt. Die mächtigen Kaufleute Venedigs schufen das Konsortium *Negozio di Ponente*, um italienische Waren, darunter Olivenöl, in die blühenden Städte des Nordens zu bringen. Damals erwarben sich die Toskana und Apulien den Ruf, das beste Olivenöl zu erzeugen und die größten Olivenhaine zu besitzen. Auch in Ligurien wurden Ölbäume zunehmend in Monokultur angebaut. Umbrien entwickelte sich im 19. Jahrhundert zu einem bedeutenden Lieferanten.

Im späten 19. und frühen 20. Jahrhundert gab es dunkle Zeiten für das Olivenöl. Die industrielle Revolution und die Weltkriege, in denen man wegen des Kohlemangels Ölbäume verheizte, veränderten die Ernährungsgewohnheiten. Das Wiederaufkommen von tierischen Fetten und Keimölen verringerte die Olivenölproduktion. Die letzten Jahrzehnte des 20. Jahrhunderts brachten einen neuen Boom, da man die Vorzüge der mediterranen Küche wieder entdeckte. Heute liegt Italien in der Produktion nativer Olivenöle extra weltweit an erster Stelle.

Diese Renaissance-Platte des italienischen Künstlers Luca Della Robbia gehört zu einer Serie mit der Darstellung der Monate. Als typische Beschäftigung im November ist das Olivenpflücken gezeigt.

Herstellung von Olivenöl

In jedem Herbst sind die Ölbäume schwer beladen mit grünen und schwarzen Oliven.

Oliven für das Öl der neuen Saison zu ernten, ist eine schwierige Arbeit. Für die Qualität sind Timing und Arbeitsweise entscheidend. Oliven reifen im Spätherbst. Die beste Erntezeit ist, wenn die Früchte gerade beginnen, schwarz zu werden, da sie dann das meiste hochwertige Öl enthalten. Doch nicht alle Oliven reifen gleichzeitig, nicht einmal an ein und demselben Baum. Außer in kleinen Familienbetrieben ist es allerdings unwirtschaftlich, von einem Baum mehrmals zu pflücken, daher müssen die Bauern die Zeit wählen, in der die meisten Oliven reif sind. In der Vergangenheit glaubte man, das Öl würde besser, wenn man die Reife aller Oliven abwartete. So verlagerte sich die Ernte mitunter ins zeitige Frühjahr. Dies führte zu übermäßig süßen Ölen mit einem sehr hohen Säureanteil.

»Schüttelmaschinen« haben den Einsatz von Menschen bei der Olivenernte stark verringert. Die Maschinen können nur in ebenem Gelände und bei ausreichendem Baumabstand eingesetzt werden. In ganz Italien wird weiterhin von Hand gepflückt.

Nur frische Oliven, die noch am Baum hängen, ergeben Öl oder Tafeloliven von hoher Qualität – sie müssen demzufolge gepflückt, nicht aufgesammelt werden. Die Art der Ernte hängt von der Baumsorte und der Geländeform ab. Am einfachsten ist die *brucatura* – das Ernten von Hand. Das ist die langsamste Art, bei der man nur die reifen Oliven abnimmt. Erneutes Pflücken wird dabei im Herbst, Winter und manchmal auch im Frühling nötig. Bei der *pettinatura* wird eine Art Rechen benutzt, mit dem man nur von den Olivenbäumen ernten kann, deren Äste in Reichweite des Rechens wachsen. Bei größeren Bäumen erntet man nach Art der *bacchiatura*, bei der die Äste mit langen Stangen geschlagen und die Oliven in großen Segeltüchern aufgefangen werden, die unter den Bäumen ausgebreitet sind.

Die Olive ist eine Steinfrucht wie die Pflaume. Der immergrüne Ölbaum (*Olea europaea*) wird drei bis zwölf Meter hoch (je nach Sorte auch höher). Sein Laub ist auf der Oberseite dunkelgrün und unten silberfarben. Die Blüten erscheinen im Spätfrühling; es sind zwittrige Blüten mit Staubblättern, die den Pollen (männliche Geschlechtszellen) enthalten, und Fruchtblätter mit den Samenanlagen, aus denen sich die Früchte entwickeln. Sechs bis acht Monate nach der Blüte und der Bestäubung durch den Wind sind die Früchte reif.

Viele Erzeuger erklären, dass maschinelles Ernten zu schlechterer Ölqualität führe, andere meinen, es gäbe keinen Unterschied.

Man ist sich nicht einig, ob die von Hand gepflückten Oliven von höherer Qualität sind als maschinengepflückte. Wegen der hohen Kosten der manuellen Ernte (etwa 50 Prozent der gesamten Produktionskosten) ist man, wenn möglich, zu mechanischer Ernte übergegangen. Doch viele Gebiete, in denen Ölbäume wachsen, vor allem Bergland, terrassiertes und unzugängliches Gelände, eignen sich nicht für die maschinelle Ernte. Hier wird weiterhin von Hand geerntet und die Qualität des Öls schrittweise verbessert, da nur durch entsprechende Preise die hohen Erntekosten gedeckt werden können.

Bei der traditionellen Produktion von Olivenöl ist der erste Schritt das Zerquetschen der Oliven mithilfe eines großen Granitmühlsteins.

Die frisch geernteten Oliven werden in großen Behältern gesammelt, in denen sie sich – wie jedes Pflanzenmaterial – erhitzen und dann fermentieren. Dies kann der Qualität des Endprodukts schaden, weil sich aus Hitze und Feuchtigkeit Schimmel entwickeln kann, der das Aroma des Öls verdirbt. Deshalb müssen die Oliven, um die Qualität zu sichern, bereits 36 Stunden nach der Ernte gepresst werden. Die Erntezeit beschränkt sich auf wenige Wochen, und in dieser Zeit möchte jeder seine Oliven so schnell wie möglich nach der Ernte pressen lassen. Die wenigen Mühlen arbeiten unter Hochdruck. In den letzten Jahren enstanden einige große, schnelle Mühlen, dazu viele kleine, billigere Mühlen, sodass am Tag gepflückte Oliven am selben Abend weiterverarbeitet werden können. Wahrscheinlich werden immer mehr solcher Mühlen gebaut, seit die Nachfrage nach italienischem Öl steigt.

Aufstapeln der Scheiben mit den Matten, durch die das Öl beim Pressen abläuft.

Die Olive durchläuft auf dem Weg zum Olivenöl folgende Stationen: *frangitura* (Zerquetschen), *gramolatura* (Pressen) und die *estrazione* (Extraktion). Vor dem Quetschen werden alle Blätter und Zweige entfernt und die Oliven gewaschen und getrocknet. Das Zerquetschen erfolgt dann mittels der traditionellen großen Mühlsteine (Foto oben) oder durch Hämmer aus rostfreiem Stahl. Dabei entsteht eine Paste aus Fruchtfleisch und Kernen. Man streicht sie auf Hanf- oder Nylonmatten aus, die auf Metallplatten gegeben werden. Die Platten stapelt man zu 30 oder 40 Stück in einer großen hydraulischen Presse. Beim Pressen tropft eine rötlichbraune Flüssigkeit, die aus Öl und Wasser besteht, durch die porösen Matten und sammelt sich am Boden der Presse. Danach werden Wasser und Öl in einer Zentrifuge getrennt. Das Öl lagert in Tanks, bis es zur Flaschenabfüllung beziehungsweise zum Verkauf bereit ist.

Die festen Bestandteile und das Wasser werden gesammelt und in eine Raffinerie geschickt, wo man noch den letzten Tropfen Öl herauspresst. Dieses minderwertige Öl wird als Dünger, Viehfutter oder in der Industrie verwendet. Manche neuen Mühlen lassen Schritte der traditionellen Erzeugung aus oder kombinieren sie alle in einem mechanischen Prozess. Mithilfe moderner Technik hergestellte Öle können ebenso gut sein wie traditionell produzierte.

ARTEN VON OLIVENÖL

Die Qualität von Olivenöl wird nicht nur nach Geschmack, sondern auch nach dem Säuregehalt gemessen. Je geringer der Säuregehalt, desto besser die Ölqualität. Der Säuregehalt und die Bezeichnungen, die Olivenöle tragen dürfen, sind in Italien durch strenge EU-Vorschriften geregelt.

Ganz oben: Olivenpaste.
Oben: Das neue Öl tröpfelt aus der Zentrifuge.

Natives Olivenöl extra (*Olio extra vergine di oliva*) ist die Top-Qualität. Für dieses Prädikat muss das Öl kalt gepresst sein (bei der Extraktion des Öls darf keine Hitze eingesetzt werden). Der Säuregehalt muss unter einem Prozent liegen und Farbe, Aroma sowie Geschmack müssen hervorragend sein.

Natives Olivenöl (*Olio vergine di oliva*) muss einen Säuregehalt von weniger als zwei Prozent besitzen und Farbe, Aroma sowie Geschmack müssen sehr gut sein.

Unten: Frisch gepresstes toskanisches Öl besitzt oft eine schöne hellgrüne Farbe.

Einfaches Olivenöl (*Olio di oliva vergine corrente*) bezeichnet Öle mit weniger als 3,3 Prozent Säuregehalt. Farbe, Aroma und Geschmack müssen ebenfalls sehr gut sein.

Öle mit höherem Säuregehalt oder mit Farb-, Aroma- oder Geschmacksfehlern sind in Italien als *olio lampante* bekannt. Sie müssen vor dem Verkauf als Olivenöl raffiniert werden.

Genuss von Olivenöl

Italienisches Olivenöl präsentiert sich in allen Aromen – von süß über fruchtig bis hin zu kräftig und pfefferig mit recht starkem Nachgeschmack. Seine Farben reichen von tiefem Dunkelgrün bis zu blassem Goldgelb. Dabei gibt es keine »richtige« Farbe, auch bei Aroma oder Geschmack kann man nicht von »richtig« sprechen. Es ist einfach eine Frage der persönlichen Ansicht und der Kombination mit Lebensmitteln. Ein kräftiges, pfefferiges Öl passt nicht zu zarten Gerichten, wie gekochtem Fisch, denn es würde sein Aroma überdecken, anstatt es hervorzuheben.

Die Farbe des Öls wird hauptsächlich von fettlöslichen Stoffen bestimmt, wie Xantophyl, Chlorophyll, Karotin und anderen Karotinoiden. Wenn das Chlorophyll vorherrscht, besitzt das Öl eine hellgrüne Farbe, überwiegen die Karotinoide, erscheint es goldgelb.

Der Geschmack hängt ebenso von der Reife der Oliven wie von der Produktionsmethode und von Umweltfaktoren ab. Im milden Klima mancher Gegenden kann man die Oliven den ganzen Winter bis ins Frühjahr hinein ernten. Sie liefern dann ein Öl, das süß und körperreich ist. Frisch gepresstes Olivenöl hat oft einen bitteren Geschmack, weil die Oliven beim Pressen nicht reif waren.

Wenn von Spätherbst an in Italien die neuen Öle auf dem Markt sind, lockt man potentielle Kunden mit kleinen Brotwürfeln, die ins *olio nuovo* getaucht werden. Kosten Sie, wenn möglich, das Olivenöl vor dem Kauf. Der Geruch sagt sehr viel über die Qualität, Art und das Alter eines Öls aus. Uns sind in fernen Ländern schon exportierte Mittelmeeröle begegnet, die ihre Erzeuger hätten erblassen lassen. Olivenöl hält sich nicht sehr lang und wird bei falscher Lagerung rasch ranzig. Sehen Sie vom Kauf ab, wenn Öl nicht gut riecht. Das Aroma eines Öls sagt Ihnen viel über seinen Charakter. Was gefällt Ihnen an einem Öl? Pfefferiger Biss und ein starker

Olivenöl muss dunkel aufbewahrt werden, damit es nicht verdirbt. Traditionelle Gefäße sind aus Keramik oder getöntem Glas.

Kalabrisches Öl

Neues toskanisches Öl

Ligurisches Öl

Häufig besitzt ein dunkelgrünes Öl einen kräftigen, beißenden Geschmack. Hellere Öle sind nicht zwangsläufig frisch; sie können pfefferig sein.

Nachgeschmack? Oder mögen Sie lieber ein frisches Öl mit fruchtigen Obertönen? Überlegen Sie, wofür Sie es verwenden wollen. Vielleicht brauchen Sie für Ihre Lieblingsgerichte verschiedene Öle.

Blumige Begriffe beschreiben Aroma und Geschmack von Olivenöl. Oft wird es mit Obst und Gemüse verglichen, wie Mandel, Tomate, Apfel, Birne, Gras und frischem Heu. Diese Hinweise beziehen sich auf Aroma und Nachgeschmack – der vorherrschende Geschmack sollte der von frisch gepressten Oliven sein.

Olivenöl wird seit der Antike zur Herstellung von Kosmetika und Parfums verwendet. Die griechischen Kosmetika enthielten Olivenöl und sollten Falten verhindern, Schuppen und Haarausfall bekämpfen. Die Griechen benutzten Olivenöl als Körperöl; ihre Athleten rieben sich den Körper damit ein, bevor sie das Stadion betraten. Krieger massierten ihren Körper mit Öl. Von den Griechen lernten die Römer diese Verwendungsformen. In ihren Thermen gab es ein *frigidarium* (kaltes Bad), ein *tepidarium* (warmes Bad), ein *caldarium* (heißes Bad) und einen Extra-Raum, das »Bad der Jugend«, in dem mit Olivenöl massiert wurde. Im 1. Jahrhundert n. Chr. bereitete man auch Parfum aus Olivenöl, Most und verschiedenen Aromen zu.

Unten: Olivenöl wird noch immer in Seifen, Shampoos, Pflegespülungen und anderen Kosmetika verwendet.

Lagerung von Olivenöl

Für die Lagerung von Olivenöl eignen sich gut undurchsichtige Gefäße, die man luftdicht verschließen kann und die sich leicht reinigen lassen.

Wie alle Fette ist Olivenöl ein empfindliches Produkt. Es muss sorgfältig gelagert werden, um sein Aroma und seine gesundheitsfördernden Eigenschaften zu behalten. Es sollte bei Temperaturen zwischen 14 und 18 Grad Celsius sauber und trocken aufbewahrt werden. Die Lagerung von Olivenöl birgt zwei Probleme: Es nimmt verhältnismäßig leicht andere Gerüche an und verdirbt schnell.

Olivenöl bildet eine ausgezeichnete Grundlage für Parfums, Essenzen und aromatisierte Öle (siehe Seite 24/25), weil es Aromen und Düfte sehr rasch annimmt. Da es schlechte Gerüche genauso schnell annimmt, sollte man es stets in sauberen, geruchsfreien Gefäßen an einem Platz aufbewahren, an dem es keinen intensiven Gerüchen (wie Rauch, Farbe, Schimmel, Benzin) ausgesetzt ist. Bei manchen ungefilterten Ölen treten Ablagerungen auf. Frisch gepresstes Öl

In Italien sagt man *vino vecchio, olio nuovo* (alter Wein und junges Öl). Olivenöl ist begrenzt haltbar und sollte innerhalb eines Jahres nach Herstellung verbraucht werden.

In der Antike wurde Olivenöl in großen Terrakotta-Amphoren gelagert und transportiert. Viele dieser Krüge tragen Siegel und Datum. Im Palast von Knossos auf der Mittelmeerinsel Kreta kann man noch Amphoren aus der minoischen Zeit (etwa 2200–1450 v. Chr.) bewundern.

wirkt manchmal leicht wolkig, weil winzige Teilchen darin schweben. Mit der Zeit sinken sie auf den Boden und bilden eine Ablagerung, die fermentiert und das Öl durch ihren unangenehmen Geruch verdirbt. Dies lässt sich verhindern, indem man das Öl innerhalb eines Monats ab Herstellung filtert (zu Hause durch ein Stück Musselin). Beim Filtern kommen die Aromastoffe des Öls erst voll zur Geltung.

Ölkrüge gibt es in vielen dekorativen Formen. Klare Glaskrüge sehen auf dem Tisch schön aus, doch sollte das Öl nicht lange darin aufbewahrt werden, denn unter Lichteinwirkung wird es rasch ranzig.

Wie viele Naturprodukte durchläuft Öl mehrere Lebensstadien. Frisch gepresstes natives Olivenöl ist oft noch unausgewogen, sein Geschmack und Duft können »aggressiv« sein. Etwa einen Monat nach der Herstellung erreicht es Harmonie und seinen eigenen Charakter. Jetzt hat das Öl seinen Höhepunkt erreicht, danach verliert es an Duft und Vitalität. Nach einem Jahr wirkt es fade und matt. Nach zwei Jahren ist es ungenießbar und sollte weggeschüttet werden.

Kaufen Sie am besten nur Olivenöle, die in Kanister oder getönte Glasflaschen abgefüllt sind. Durchsichtige Flaschen sollten zusätzlich in einen Karton verpackt sein. Größere Kanister füllt man besser in kleinere, luftdicht verschließbare Gefäße (grüne oder braune Weinflaschen sind ideal) um. In der Küche darf Ihr kostbares natives Olivenöl nicht längere Zeit neben dem Herd stehen – die Hitze verdirbt es. Und nicht zuletzt – für Ölliebhaber ist das selbstverständlich – gehört Olivenöl nicht in den Kühlschrank.

Menagen entstanden erstmals im Frankreich des 17. Jahrhunderts. Traditionell gehören zwei Gefäße dazu: eines für Öl, das andere für Essig.

Ölkrug zum täglichen Gebrauch bei Tisch.

Servieren von Olivenöl

In Italien steht auf jedem Esstisch – zu Hause oder im Restaurant – ein hübscher Ölkrug, dazu ein Pendant für Essig sowie Salz- und Pfefferstreuer. Beim Essen wird das Öl an Salate, gekochte Gemüse, Suppen, Pasta, Brot und eine Reihe anderer Lebensmittel gegeben. In letzter Zeit ist es in Mode gekommen, Olivenöl in der Flasche zu servieren, damit jeder das Etikett lesen und sehen kann, dass es sich um das beste Öl zum jeweiligen Gericht handelt. Wie Wein sollte auch Öl zum servierten Essen passen. Das verkehrte Öl kann eine Mahlzeit verderben. Wenn zum Beispiel zu einem einfachen Gericht wie gekochtem Fisch prägnantes toskanisches oder apulisches Öl serviert wird, könnte das pfefferige Aroma den Geschmack des Fischs zerstören.

Tagliata
4 Portionen

- 500 g Rinderlende
- 250 g frischer Salat, am besten Rucola
- Salz und schwarzer Pfeffer aus der Mühle
- 4–6 EL natives Olivenöl extra

Das Fleisch in dicke Scheiben schneiden. In den heißen Elektrogrill oder noch besser auf einen Holzkohlengrill geben und auf beiden Seiten garen. Das fertige Fleisch in etwa 3 mm dicke Scheiben schneiden. Rucola und Fleisch auf einer Servierplatte anrichten. Mit Salz und Pfeffer würzen. Mit Olivenöl beträufeln und sofort servieren.

Die Wahl des richtigen Öls

Süße Öle, zum Beispiel vom Gardasee, aus Ligurien, von Sizilien und Sardinien, passen gut zu Fisch, Carpaccio (rohem Rindfleisch) und gekochtem Gemüse. Kräftigere Öle schmecken zu gegrilltem rotem Fleisch und Gemüsesuppen. Das Öl am Salat sollte dessen frisches, leicht bitteres Aroma verstärken. Der eigene Geschmack spielt eine Rolle, doch als Grundregel gilt: Das Öl sollte das Aroma eines Essens nicht zudecken, sondern stets ergänzen und unterstreichen.

Rohes Gemüse mit Olivenöl-Dip

6 Portionen

- 4–6 junge Artischocken
- Saft von 1 Zitrone
- 12 kleine Möhren, am besten mit den Blättern
- 2 kleine, zarte Fenchelknollen
- 1 Sellerieherz
- 12 Radieschen
- 6 Schalotten
- 100 ml natives Olivenöl extra
- Salz
- schwarzer Pfeffer aus der Mühle
- Weinessig
- 100 ml Zitronensaft

Nur ganz zarte Artischocken eignen sich. Schnittflächen mit Zitrone einreiben, um Verfärbungen zu verhindern. Die Blätter von der Spitze her um die Hälfte kürzen und das faserige Innere (»Heu«) entfernen. Mit einem kleinen scharfen Messer die Haut vom Strunk trennen. Alle vorbereiteten Artischocken in eine Mischung aus Wasser und Zitronensaft geben. 15 Minuten beiseite stellen. Wenn die Möhren sehr jung und zart sind, sorgfältig abbürsten und ganz lassen, den Stielansatz nicht entfernen.

Größere Möhren schälen und der Länge nach vierteln. Die äußerste Schicht des Fenchels entfernen, die Knolle von oben nach unten vierteln und gut abspülen. Das Sellerieherz der Länge nach halbieren oder vierteln, waschen und abtrocknen. Radieschen putzen und waschen, frisches, nicht welkes Laub daran belassen. Schalotten putzen, nur ein kurzes Stück vom grünen Blatt daran lassen. Wenn sie nicht sehr frisch und fest sind, die äußerste Schicht der Zwiebeln entfernen. Darauf achten, dass die Schalotten nicht mit den anderen Gemüsen in Berührung kommen, weil sie sonst deren zartes Aroma verderben. Die Artischocken gründlich abtropfen lassen und mit Küchenpapier trockentupfen. Das Gemüse dekorativ auf einer Servierplatte anrichten. Die Platte in die Mitte des Tisches stellen und jeder Person einen Teller und eine kleine Schale geben. Gefäße mit Öl, Essig, frisch gepresstem Zitronensaft, Salz und Pfeffer auf den Tisch stellen. So kann sich jeder in der Schale das Dressing selbst zubereiten, um das Gemüse hineinzustippen. Mit reichlich frischem Brot servieren.

Wein: trockener, perlender Weißwein (Spumante di Vernaccia di San Gimignano)

Kochen mit Olivenöl

Olivenöl gehört zu den besten Bratfetten, die es gibt. Es ist ideal für soffritti (Knoblauch, Zwiebel, Petersilie, Möhre usw., sautiert) – Grundlage so vieler italienischer Gerichte. Auch zum Rösten eignet es sich ausgezeichnet, für die leichtere Kost reiben Sie einfach etwas Öl ins Fleisch. Wenn Sie Röstkartoffeln machen, brauchen Sie etwas mehr Öl, damit sie knusprig und goldbraun werden (frischer Rosmarin gibt ein exzellentes Aroma).

Am besten eignet sich Olivenöl zum Braten. Den meisten Menschen schadet gebratenes Essen, in Maßen genossen, nicht. Und es ist so köstlich! Einige Grundregeln zum Braten finden Sie im Kasten auf der rechten Seite.

Beim Braten einen Schaumlöffel bereit halten, um Nahrungsmittelteile oder Teig aus dem Öl zu nehmen. Auch eine langstielige Küchenzange ist nützlich.

Man kann sich streiten, ob zum Braten natives Olivenöl extra oder einfaches Olivenöl besser ist. Im Nährwert besteht kein Unterschied, den Rauchpunkt, an dem gefährliche Stoffe freigesetzt werden, erreichen beide erst bei hohen Temperaturen. Für kräftig schmeckende Speisen, wie Schweinebraten, eignet sich einfaches Olivenöl mit schwächerem Aroma besser. Natives Öl extra ist die beste Wahl, wenn Sie Speisen mit zurückhaltendem Geschmack, wie Gemüse, braten, denn es wird dem Gericht ein wenig von seinem unvergleichlichen Aroma verleihen. In Anbetracht des Preises von nativem Olivenöl extra und der Menge, die zum Frittieren nötig ist, beschränkt man sich meist auf einfaches Olivenöl.

Toskanische Pfanne

4 Personen

- 1/2 Hähnchen, in Stücken
- Salz
- 1 kleiner Blumenkohl, in Röschen
- 6 Eier, verschlagen
- Mehl
- 4 Artischocken, geputzt und geviertelt
- 2 Zucchini, in Stücken
- natives Olivenöl extra
- 600 g Kartoffeln, geschält und grob gewürfelt
- 4 Lammkoteletts
- Semmelbrösel
- 1–2 Zitronen, geviertelt oder geachtelt

Hähnchenteile leicht salzen und braten. Die Blumenkohlröschen bissfest garen. Abgießen und gut abtropfen lassen. Das Gemüse (außer den Kartoffeln) in Mehl und Ei wenden und goldbraun braten. Auf Küchenpapier abtropfen lassen. Die Kartoffeln ebenfalls goldbraun braten. Die Lammkoteletts in Ei, Mehl und Semmelbröseln wenden. Mit Salz bestreuen und in Öl braten (am besten medium). Das Fleisch und Gemüse auf einer Platte anrichten und sofort servieren. Die Zitronenstücke zum Beträufeln dazu reichen.

Wein: trockener Rotwein (Chianti Classico)

SO GELINGT GEBRATENES

Für optimale Ergebnisse beim Braten brauchen Sie eine Bratpfanne mit hohen Seitenwänden, einen Schaumlöffel, eine Küchenzange (oder zwei Gabeln) und ein Öl von entsprechender Qualität. Gebratene Gerichte sollten heiß verzehrt werden, deshalb unmittelbar nachdem sie gar sind oder so bald wie möglich danach servieren.

• *TEMPERATUR: Das Bratgut nicht ins Fett geben, bevor dieses heiß genug ist.*
Mittel *(130–150 °C): Ideal für rohe Lebensmittel, die Zeit zum Durchbraten brauchen.*
Heiß *(150–160 °C): Ideal für vorgekochte Lebensmittel, Kroketten und um Füllungen zu versiegeln.*
Sehr heiß *(160–180 °C): Ideal für Gemüse in feinen Streifen, Blätter oder Lebensmittelstückchen, die rasch durch sein sollen. Zuerst die Temperatur prüfen, z. B. mit einem Thermometer. Oder Sie geben ein kleines Stück ins heiße Öl, um zu sehen, wie es reagiert, und stellen die Temperatur entsprechend ein. Die Temperatur sollte 180 °C nie übersteigen. Das Öl darf nie rauchen, weil es dann Feuer fangen kann (zum Löschen nie Wasser nehmen, sondern Gas oder Strom abdrehen und die Pfanne mit einem Deckel fest zudecken).*

• *MENGE: Nehmen Sie reichlich Öl. Wenn Sie die Lebensmittel in die Pfanne geben, sollten sich die Poren augenblicklich schließen. Je weniger Öl eindringt, desto leichter und gesünder ist das gebratene Gericht. Verwenden Sie Öl nur einmal!*

• *PRAKTISCHE TIPPS: Das Bratgut sollte Raumtemperatur haben. Wenn es zu kalt ist, braucht es länger zum Garen und nimmt mehr Öl auf.*
Nicht zu viele Stücke auf einmal in die Pfanne geben, da sich sonst die Öltemperatur verringert, die Garzeit sich verlängert und die Lebensmittel mehr Öl aufnehmen. Oder sie verkleben zu einem unappetitlichen Klumpen.
Halten Sie das Öl während des Garens sauber. Bleiben Teig- oder Lebensmittelreste in der Pfanne, brennen sie an und der beißende Geschmack teilt sich dem nächsten Bratgut mit.
Einen Drahtkorb erst erhitzen, damit nichts daran haften bleibt.

Schmackhafte eingelegte Oliven können *al naturale* direkt aus dem Glas gegessen oder als Füllung für Hähnchen oder anderes Fleisch verwendet werden.

Eingelegte Oliven

Etwa zehn Prozent der Oliven von etwa 750 Millionen Olivenbäumen weltweit werden als Tafeloliven serviert. Die jährliche Produktion beträgt etwa eine Million Tonnen. Man kann Oliven nicht direkt vom Baum essen, da sie eine ungenießbare Substanz enthalten, die erst entfernt werden muss. In Italien bereitet man die Frucht auf verschiedene Arten für den Tisch vor, je nach Region und Art der Olive. Einige Oliven eignen sich besser als andere, auch wenn in vielen Regionen dieselben Sorten zur Ölerzeugung, zum Kochen und für den Tisch verwendet werden. Die besten Tafeloliven sind mittelgroß bis groß (drei bis fünf Gramm). Sie sollten sich leicht entsteinen lassen, das Verhältnis von Stein und Fleisch sollte eins zu fünf betragen. Je mehr Fleisch, desto besser sind die Oliven. Sie dürfen nicht zu viel Öl enthalten und die äußere Schicht darf nicht zu dick sein, muss aber dennoch das Konservieren überstehen.

Viele grüne Oliven legt man mit einer einfachen und sehr alten Methode ein: Sie werden zehn Tage in häufig erneuertem Wasser aufbewahrt und anschließend in leicht gesalzenes Wasser gelegt.

Tafeloliven gibt es in Grün und in Schwarz. Grüne Oliven werden vor dem völligen Ausreifen von Hand gepflückt. Man passt auf, dass die Oberfläche nicht verletzt wird. Die beste Erntezeit ist, wenn sich die Früchte von Dunkelgrün nach Hellgrün verfärben und das Fleisch weniger hart, aber noch nicht weich ist.

Schwarze Oliven pflückt man fast vollreif, nachdem sie am Baum dunkelbraun oder schwarz geworden sind. Es gibt viele Arten, diese Oliven zu konservieren. Die großen dunkelbraunen, fast

tiefvioletten – in Italien »griechische« Oliven genannt – werden gepflückt, sobald die Farbe sich ändert, damit ihre Haut nicht runzelig und ihr Fleisch nicht zu weich wird. In Lake eingelegt beginnen sie zu fermentieren. Dann werden Essig und Olivenöl zugesetzt. Diese großen, leicht bitteren Oliven sind perfekt für Salate. Ähnlich bereitet man Oliven *alla Kalamata* zu. Dafür wird in jede Frucht ein Schlitz geschnitten, damit sie einen süßeren Geschmack entwickelt. Die Oliven lagern in Essig und Öl und werden mit Zitronenschale serviert.

Links: Kleine, feste Oliven eignen sich am besten zum Anmachen oder Füllen. Sie können vor dem Essen mit einem Glas Wein oder einem Aperitif serviert werden. Die meisten Oliven sind mit Anchovis oder Paprika gefüllt und dann mit gehacktem Knoblauch, Petersilie und würzigem roten Chili angemacht.

Getrocknete schwarze Oliven sehen dunkel und runzelig aus, als ob sie kein Fleisch hätten. Nach einigen Tagen in Wasser werden sie in der Sonne oder im Ofen getrocknet.

Große grüne Oliven aus Ascolana oder Apulien werden manchmal in eine alkalische Lösung eingelegt, die meist stärker ist als die für normale grüne Oliven.

Gaeta-Oliven werden erst ein paar Tage in Wasser gegeben, danach 24 Stunden in Salz und anschließend etwa 40 Tage in Wasser. Zum Schluss legt man sie in Lake ein. Die kleinen, dunkelbraunen Oliven eignen sich nicht nur zum Kochen, sondern wegen des leicht bitteren Geschmacks auch als Snack.

Große, glänzend schwarze Baresane-Oliven werden sehr ähnlich konserviert wie die grünen Oliven.

Schwarze Oliven werden in Italien auf vielerlei Arten zubereitet. Man verwendet meist kleine, glänzend schwarze Oliven und würzt mit Lorbeerblättern.

Aroma-Öle

Natives Olivenöl als Grundlage für Aroma-Öle ist noch nicht lange in Mode. Für das erste aromatisierteÖl gab man etwas Chili an Olivenöl, als nächstes entstand ein Öl mit Trüffelgeschmack. Damit begann das Rennen um die Erfindung der würzigsten und originellsten Mischung. Puristen halten nichts davon, weil sie finden, ein gutes Öl kann durch andere Zutaten nur schlechter werden. In gewisser Weise stimmt das, doch die sorgfältige Zubereitung und das Servieren von Aroma-Ölen macht viel Freude. Diese Öle sind auch ein originelles Geschenk.

Chili-Öl

- 30 g scharfe rote Chilischoten
- 1 Lorbeerblatt
- 500 ml natives Olivenöl extra

Die Chilischoten unter fließendem Wasser abspülen und mit Küchenpapier gut trocknen. Die Schoten fein hacken und mit dem Lorbeerblatt ins Olivenöl geben. Das Öl in eine sterilisierte Flasche füllen und fest verschließen. 30 Tage an einem kühlen, trockenen Platz ziehen lassen. Das Öl filtern. Mit 2 bis 3 ganzen Chilischoten sieht es attraktiver aus. Auf den Tisch stellen und Pasta, Reis, Fisch, Fleisch und Pizzas damit würzen. Zur Aromaverbesserung frisches Öl zugeben. Würziger wird das Öl, wenn es 45 Tage durchzieht.

Zitrus-Öl

- 500 ml natives Olivenöl extra
- 1 unbehandelte Orange
- 1 unbehandelte Zitrone

Die Früchte unter fließendem kaltem Wasser mit einer weichen Bürste säubern, dann schälen. Schalen ins Olivenöl geben und alles in eine sterilisierte Flasche füllen. Luftdicht verschließen und an einem kühlen, trockenen Platz zwei Wochen ziehen lassen. Das Öl filtern. Für Salatdressings, zu Fisch, gekochtem oder gebratenem Fleisch verwenden.

Salbei-Öl

- 10 Salbeiblätter
- 500 ml natives Olivenöl extra

Salbei unter fließendem kaltem Wasser abspülen und mit Küchenkrepp trocknen. In eine sterilisierte Flasche geben und mit dem Öl bedecken. Luftdicht verschließen und kühl und trocken etwa zwei Wochen ziehen lassen. Die Blätter aus dem Öl filtern (einige frische Blätter wirken sehr dekorativ) und zu Salat, Pasta und Suppen servieren.

Öl mit wildem Fenchel

- 3 kleine Zweige wilder Fenchel
- 500 ml natives Olivenöl extra

Fenchel sorgfältig waschen und mit Küchenpapier trocknen. In eine sterilisierte Flasche geben und mit dem Öl bedecken. Luftdicht verschließen. Kühl und trocken 30 Tage ziehen lassen. Die Blätter aus dem Öl filtern (einige frische Blätter in der Flasche wirken sehr dekorativ) und zu Salat, Pasta oder Fisch servieren.

Gewürztes Öl

- 2 Lorbeerblätter
- 2 Nelken
- 6 gemischte Pfefferkörner
- 1 kleiner Zweig Rosmarin
- 4 Wacholderbeeren
- 1 Stück Zimtstange
- 20 getrocknete Chilischoten
- 1 l natives Olivenöl extra

Alle Zutaten in eine oder zwei Flaschen geben und mit dem Öl bedecken. Luftdicht verschließen. Kühl und trocken etwa 30 Tage ziehen lassen. Kräuter und Gewürze herausfiltern (einige frische wirken sehr dekorativ) und zu Salaten oder gekochtem Fleisch servieren oder Wild darin marinieren. Kräuter und Gewürze nach Geschmack und Angebot variieren.

Rosmarin-Öl

- 2 kleine Zweige Rosmarin
- 500 ml natives Olivenöl extra

Rosmarin sorgfältig waschen und gut mit Küchenpapier abtrocknen. In eine sterilisierte Flasche geben und mit dem Öl bedecken. Luftdicht verschließen. Kühl und trocken etwa zwei Wochen ziehen lassen. Die Blätter herausfiltern (einige frische Blätter wirken sehr dekorativ). Das Öl vor dem Servieren erhitzen und zu Lamm- und Schweinefleisch oder Niederwild verwenden.

In Öl eingelegt

Über die Vegetationszeit hinaus oder für Hungerzeiten Lebensmittel zu konservieren, stellte schon immer eine Herausforderung dar. Die früheste Konservierungsform war wohl das Trocknen. Räuchern zählt zu den weiteren frühen Methoden, ebenso wie das Einlegen in Öl. Erst Ende des 18. Jahrhunderts wurde es üblich, Lebensmittel in Glas- oder Metallgefäßen zu konservieren, um das Fermentieren und Verderben des Produkts zu verhindern. Aus dieser Methode entwickelte sich eine großartige Möglichkeit, Gemüse und viele andere Lebensmittel haltbar zu machen. Die Wahl des Öls hängt vom Lebensmittel ab, das Sie konservieren wollen. Nehmen Sie für süßliches Gemüse am besten ein zartes Öl, für würzigeres ein kräftiges.

Steinpilze

- 1 kg kleine, feste Steinpilze oder Champignons
- 500 ml Weißweinessig
- 500 ml trockener Weißwein
- 3 Lorbeerblätter
- 10 weiße Pfefferkörner
- natives Olivenöl extra
- 1 Prise Salz
- 10–15 frische Minzeblätter, zerpflückt

Pilze gründlich putzen, erdige Stiele entfernen. Essig, Wein, Pfefferkörner und Lorbeerblätter erhitzen und die Pilze darin 7 Minuten köcheln lassen. Abtropfen lassen, solange sie noch fest sind. Etwa 24 Stunden an einen trockenen Platz stellen (sie müssen vor dem Einfüllen alle Feuchtigkeit verlieren). Pilze in sterilisierte Gläser geben und mit Salz und Minze bestreuen. Mit Öl bedecken (es dürfen keine Luftblasen bleiben). Verschließen und einen Monat ziehen lassen.

Artischocken

- 24 kleine Artischocken
- 500 ml Weißweinessig
- 500 ml Wasser
- Salz
- 10 weiße Pfefferkörner
- 3 Lorbeerblätter
- natives Olivenöl extra

Artischocken putzen, Strünke und Außenblätter abschneiden, nur die zarten Herzen nehmen. Halbieren und das Heu entfernen. Essig, Pfeffer und Lorbeerblätter erhitzen Artischocken darin 5 Minuten köcheln lassen. Abgießen und trockentupfen. In sterilisierte Gläser geben und mit Öl bedecken. Es dürfen keine Luftblasen bleiben. Mit Salz bestreuen. Verschließen und einen Monat ziehen lassen.

Olivenpaste

- 400 g grüne oder schwarze Oliven
- 6 EL natives Olivenöl extra
- Salz
- weißer Pfeffer aus der Mühle

Oliven fein zerkleinern. Nach Belieben Kräuter oder Gewürze zu den Oliven geben. Das Öl einrühren, sodass eine cremige Paste entsteht. In sterilisierte Gläser füllen, mit Öl bedecken und fest verschließen. Zu Nudeln oder auf Toast servieren.

Sonnengetrocknete Tomaten

- 300 g getrocknete Tomaten
- natives Olivenöl extra
- 4 Anchovisfilets
- 1 EL Kapern
- Salz
- schwarzer Pfeffer aus der Mühle
- 1 Prise Oregano

Tomaten in etwas kochendem Salzwasser 5 Minuten einweichen. Abgießen und trocknen. Tomaten, Anchovis, Kapern und Oregano schichtweise in sterilisierte Gläser füllen. Mit Öl bedecken und verschließen. Mindestens einen Monat ziehen lassen.

Gefüllte Chilischoten

- 24 kleine, runde Chilischoten
- 24 Anchovisfilets
- 24 Kapern
- natives Olivenöl extra
- Salz
- 1 Prise Oregano

Chilischoten waschen und putzen, Samen entfernen. In kochendem Wasser eine Minute garen. Abgießen und trocknen. Jede Schote mit einem um eine Kaper gewickelten Anchovisfilet füllen. Chilischoten in sterilisierte Gläser füllen, mit Öl bedecken und verschließen. Einen Monat ziehen lassen.

Anchovis

- 300 g Anchovis, in Salz eingelegt
- 1–2 TL gerebelter Chili
- 1–2 TL Oregano
- natives Olivenöl extra

Anchovis unter kaltem fließendem Wasser abspülen – so viel Salz und Schuppen wie möglich entfernen. Gut abtrocknen und in sterilisierte Gläser füllen. Chili, Oregano und Öl mischen und über die Anchovis gießen. Gläser verschließen und einen Monat ziehen lassen.

Auberginen

- 1 kg Auberginen, gewürfelt
- 500 ml Weißweinessig
- 2 Knoblauchzehen, geschält
- 2 EL Petersilie, fein zerkleinert
- 1 TL getrockneter Oregano
- Salz
- schwarzer Pfeffer aus der Mühle
- 1–2 TL gerebelter Chili
- natives Olivenöl extra

Die Auberginen 2 bis 3 Minuten in Essig-Knoblauch-Mischung garen. Abgießen und trocknen. Auf eine große Platte geben und mit Petersilie, Oregano, Salz, Pfeffer und Chili würzen. In sterilisierte Gläser geben und mit Öl bedecken. Luftdicht schließen und mindestens einen Monat ziehen lassen.

Paprika

- 800 g rote und gelbe Paprika, in Streifen
- 800 ml Wasser
- Saft von 1 Zitrone
- Salz
- 500 ml Weißweinessig
- 10 schwarze Pfefferkörner
- 2 Knoblauchzehen, in dünnen Scheiben
- 4 frische Basilikumblätter
- 1 TL getrockneter Oregano
- natives Olivenöl extra

Die Paprikastreifen in Wasser mit Zitronensaft, Salz und Pfeffer etwa 4 Minuten garen. Abgießen und trocknen. Mit Basilikum, Oregano, Knoblauch und etwas Salz in sterilisierte Gläser geben. Mit Öl bedecken und luftdicht verschließen. Mindestens einen Monat ziehen lassen.

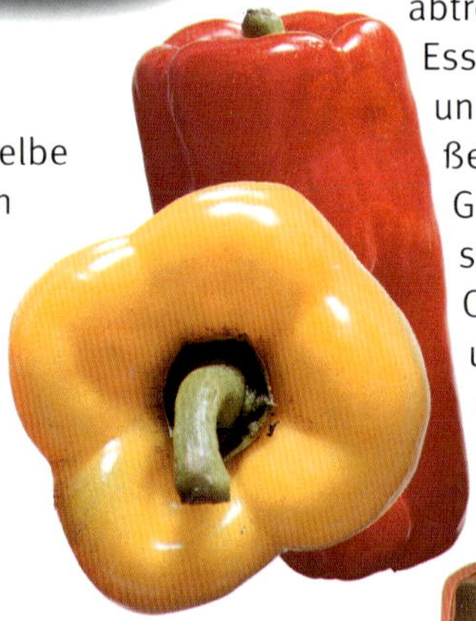

Zucchini

- 800 g Zucchini
- 800 ml Weißweinessig
- 3 schwarze Pfefferkörner
- 2 Lorbeerblätter
- 4 frische Basilikumblätter, zerpflückt
- ½ TL getrockneter Oregano
- natives Olivenöl extra

Zucchini putzen, waschen, gut trocknen und der Länge nach in Scheiben schneiden. Leicht mit Salz bestreuen und etwa 3 Stunden in einem Sieb abtropfen lassen. Etwa 1 Minute in Essig – gewürzt mit Pfefferkörnern und Lorbeerblättern – garen. Abgießen und trocknen. In sterilisierte Gläser abwechselnd Zucchinischeiben, Basilikumblätter und Oregano geben. Mit Öl bedecken und luftdicht verschließen. Mindestens einen Monat ziehen lassen.

Kalte Saucen

Natives Olivenöl extra ist die entscheidende Zutat in vielen gekochten Pasta- und Fleischsaucen. Doch so richtig zur Geltung kommt hochwertiges Olivenöl erst in kalten Saucen. Kochen verändert die Eigenschaften des Öls, doch kalt bleibt sein charakteristisches Aroma erhalten und vollendet die Gerichte, zu denen es serviert wird. Mayonnaise ist ein wunderbares Beispiel: Heute empfehlen viele Rezepte andere Pflanzenöle, um das Gelb der Eier zu erhalten und den Nachgeschmack, den Olivenöl manchmal hat, zu vermeiden. Doch die richtige Sorte Olivenöl, süß und nicht zu stark gefärbt (ligurisches Öl ist ideal), ergibt eine perfekte Mayonnaise.

Mayonnaise

- 300 ml natives Olivenöl extra (am besten aus Ligurien)
- 3 Eigelbe
- Salz
- Saft von ½ Zitrone

Die Eigelbe mit Salz locker und flaumig schlagen. Das Öl ganz langsam unter ständigem Rühren zugießen, bis eine dickflüssige, aber glatte Masse entsteht. Den Zitronensaft und das verbliebene Öl zügig einrühren. Im Kühlschrank aufbewahren.

Pfeffersauce

- 1 Scheibe Brot vom Vortag
- 2 EL Apfelessig
- je 1 EL schwarze, rosa und rote Pfefferkörner
- 4 EL natives Olivenöl extra

Das Brot zerkrümeln und mit Essig anfeuchten. Die Pfefferkörner im Mixer mahlen. Brot und Öl zugeben. Mixen, bis die Sauce glatt ist. Zu Braten servieren.

Grüne Sauce

- 30 g Brotkrumen
- 3 EL Rotweinessig
- 3 EL Petersilie, zerkleinert
- 2 Knoblauchzehen
- 1 hart gekochtes Ei
- 2 Anchovisfilets
- 1 EL Kapern
- 125 ml natives Olivenöl extra

Brotkrumen 2 Minuten in Essig einweichen. Ausdrückenund mit Petersilie, Knoblauch, Ei, Anchovis und Kapern im Mixer pürieren. Beim Mixen langsam das Öl zugeben. Zu gekochtem Fleisch oder hart gekochten Eiern servieren.

Pecorinosauce

- 2 EL Petersilie
- 10 Basilikumblätter
- 1 EL Pinienkerne
- 1 hart gekochtes Ei
- 90 g alter Pecorino
- 4 EL natives Olivenöl extra
- Salz und Pfeffer aus der Mühle

Petersilie, Basilikum und Pinienkerne im Mixer zerkleinern. Ei, Pecorino und Öl zugeben. Mixen, bis eine dickliche Sauce entsteht. Zu weißem Fleisch oder Geflügel servieren.

Walnusssauce

- 1 Scheibe Brot vom Vortag (ohne Rinde)
- 2 EL Weißweinessig
- 20 blanchierte Walnüsse
- 1 EL Petersilie
- 4 EL natives Olivenöl extra
- Salz
- schwarzer Pfeffer aus der Mühle

Das Brot zerkrümeln und mit Essig anfeuchten. Nüsse und Petersilie im Mixer zerkleinern. Brot zugeben, weiter mixen und das Öl langsam zugießen. Mit Salz und Pfeffer würzen. Passt zu Fisch und Geflügel.

Agresto war der Saft der Agrestatrauben (die kleinen, festen, leicht grünen Trauben vom oberen Ende der Reben). Mit ihm würzte man Fleisch, bevor die Tomaten nach Europa kamen. Heute ersetzt man Agresto durch sauren Traubensaft.

Agrestosauce

- 125 ml saurer Traubensaft
- 1 EL Zwiebel zerkleinert
- Schale von 1 Orange
- Salz
- schwarzer Pfeffer aus der Mühle
- 4 EL natives Olivenöl extra
- 1 Scheibe Brot vom Vortag

Den Traubensaft bis auf ein Drittel einkochen lassen. Den Schaum abschöpfen. Das Brot im heißen Saft einweichen. Zwiebeln und Orangenschale im Mixer fein zerkleinern. Das eingeweichte Brot zugeben und weiter gründlich mixen. Das Öl zugießen, während die Sauce mit einer Gabel von Hand geschlagen wird. Passt gut zu Fleisch, Geflügel oder Wild.

Estragonsauce

- 2 EL Petersilie
- 2 EL Estragon
- 2 Knoblauchzehen
- 2 EL Brotkrumen, in Essig eingeweicht
- 4 EL natives Olivenöl extra

Die festen Zutaten im Mixer zerkleinern und langsam das Olivenöl zugeben. Die Sauce hält sich im Kühlschrank einige Zeit, wenn sie mit Olivenöl bedeckt ist. Zu gekochtem Fleisch oder Fisch servieren.

Rote Sauce

- 750 g reife Tomaten
- 5 Basilikumblätter
- 2 Knoblauchzehen
- 1 Zwiebel
- ½ TL Chili
- Salz
- 1 EL Essig
- 4 EL natives Olivenöl extra

Tomaten 1 bis 2 Minuten in kochendes Wasser geben. Dann einige Minuten in kaltes Wasser legen. Abtrocknen und vorsichtig die Haut abziehen. Die Tomaten halbieren, entkernen und zum Abtropfen mit der Schnittfläche auf ein Schneidebrett legen. Basilikum, Knoblauch und Zwiebel im Mixer fein zerkleinern. Chili, Salz, Essig und Tomaten hinzufügen und alles gut mischen. Aus dem Mixer nehmen und mit einer Gabel das Öl einarbeiten. Zu gekochtem Fleisch oder Geflügel servieren.

Pinienkernsauce

- 1 Scheibe Brot vom Vortag
- 2 EL Weißweinessig
- 1 EL Apfelessig
- 1 TL Zucker
- 90 g Pinienkerne
- 4 EL natives Olivenöl extra

Das Brot zerkrümeln und mit Essig anfeuchten. Brot, Zucker und Pinienkerne im Mixer fein zerkleinern, dabei langsam das Olivenöl zugießen. Zu Fisch und Geflügel servieren.

Anbaugebiete

Mit Ausnahme der kühleren Regionen Piemont und Aostatal im Nordwesten werden in ganz Italien Ölbäume angebaut. Die größte Produktion hat Apulien, gefolgt von Kalabrien, Sizilien und der Toskana. Italien bietet mit seinen mehr als 395 Sorten ein wahres Mosaik an herrlichen Oliven. Wie bei Weinen gibt es regionale Sorten, die nur in einem bestimmten Mikroklima gedeihen können, aber auch vielseitige Sorten, die auf den unterschiedlichsten Böden bestens gedeihen.

D.O.P. (Denominazione di Origine Protetta)
Das Prädikat D.O.P. wird von der Europäischen Union Agrarprodukten verliehen, die regionaltypisch sind. Das Rohmaterial muss dort wachsen und die Herstellung muss durch Methoden erfolgen, die anderweitig nicht verwendet werden. So sollen traditionelle Produkte bewahrt und Qualität garantiert werden. Olivenöl gehörte zu den ersten Produkten mit D.O.P.-Status. Jedes Jahr erhalten neue italienische Ölsorten das begehrte Prädikat.

Italienische D.O.P.-Öle

Bezeichnung	Herstellungsregion	Bezeichnung	Herstellungsregion
Riviera ligure	Ligurien	Penisola Sorrentina	Kampanien
Laghi Lombardia	Lombardei	Cilento	Kampanien
Garda	Venetien, Lombardei, Trentino	Collina di Brindisi	Apulien
		Terra di Bari	Apulien
Brisighella	Emilia-Romagna	Terra d'Otranto	Apulien
Terre del Chianti Classico	Toskana	Dauno	Apulien
Umbria	Umbrien	Lametia	Kalabrien
Sabina	Latium	Brutio	Kalabrien
Canino	Latium	Monti Iblei	Sizilien
Aprutino pescarese	Abruzzen	Monte Etna	Sizilien
Colline Teatine	Abruzzen	Val di Mazara	Sizilien
Colline salernitane	Kampanien	Valli trapanesi	Sizilien

Weinberge, Olivenhaine, Obstbäume, Zypressen, und Eichen bedecken einen großen Teil der italienischen Halbinsel. Ölbäume sind typisch in einer hügeligen Landschaft, die weder der Sonne noch schlechtem Wetter zu stark ausgesetzt ist. Viele dieser Bäume sind Hunderte von Jahren alt. Vielleicht haben in der Toskana schon Michelangelo oder Leonardo da Vinci im Schatten dieser Bäume gesessen.

Dieses Gericht ist in ganz Italien ein Klassiker. Es wird das ganze Jahr über zu Hause und in Restaurants serviert. Die Sauce passt zu vielen langen und kurzen Nudelarten, beispielsweise zu Penne, Farfalle, Spaghetti, Spaghettini und Linguine.

Tagliatelle mit kalter Tomatensauce
4–6 Portionen

- 750 g Kirschtomaten
- 2 Knoblauchzehen, fein zerkleinert
- 1 kleine Zwiebel, fein gewürfelt
- 8 Basilikumblätter, zerpflückt
- ½ rote Chilischote, in dünnen Scheiben (nach Belieben)
- Salz
- 60 ml natives Olivenöl extra
- 500 g frische Tagliatelle

Tomaten halbieren, abziehen und entkernen. Knoblauch, Zwiebeln, Basilikum, Chili (nach Belieben), Salz und Öl in eine große Schüssel geben. Tomaten hinzufügen und alles gut vermengen. Tagliatelle in reichlich Salzwasser *al dente* kochen. Abgießen und zur Sauce geben. Noch einmal mischen und sofort servieren.

Wein: leichter trockener Weißwein (Tocai di Lison)

Ligurien

LIGURIEN

HAUPTANBAUGEBIETE: die Provinzen Imperia, Savona und La Spezia
WICHTIGSTE OLIVENSORTEN: Taggiasca, Lavagnina, Razzola, Pignola, Colombara, Mortina

Das ligurische Öl Riviera Ligure D.O.P. kommt aus der Provinz Imperia, wo der Anbau von Ölbäumen um 1100 von Benediktinermönchen eingeführt wurde. Ausgezeichnete Öle werden auch an der Riviera dei Fiori (ebenfalls Imperia), an der Riviera di Ponente (Savona) und an der Riviera del Levante (Genua und La Spezia) hergestellt. In der ligurischen Ölproduktion wird vor allem die Olivensorte Taggiasca verwendet. Ihr Öl zeichnet sich aus durch geringen Säuregehalt, zarte Färbung, köstlichen Geschmack und feinen Duft. Ihr Aroma erinnert an das von Trockenfrüchten. Früher wurde auch das leicht fruchtige, milchige Biancardoöl aus den im April gepflückten Taggiasca-Oliven erzeugt.

Mosto integrale
Wie sein Name (ganzer Most) sagt, wird dieses Öl ohne Filterungsprozess hergestellt. So wird es aromatischer und kräftiger im Geschmack.

Öl aus der Taggiasca-Olive
Dieses Öl wird an der ligurischen Küste aus nur einer Olivensorte produziert: der Sorte Taggiasca, die in dieser Region am weitesten verbreitet ist.

Riviera dei Fiori
Liguriens bedeutendstes Herstellungsgebiet ist die Riviera dei Fiori, gefolgt von der Gegend um Savona, in der ähnliches, aber weniger bekanntes Öl erzeugt wird, und der Riviera del Levante.

Spaghettini mit rohen Artischocken

4 Portionen

- 8 kleine, frische Artischocken
- Saft einer Zitrone
- Salz und schwarzer Pfeffer aus der Mühle
- 60 ml natives Olivenöl extra
- 450 g Spaghettini
- 60 g geriebener Parmesan

Die Artischocken putzen, dabei die äußeren Blätter und das Heu entfernen. In hauchdünne Scheiben schneiden und diese in eine Schüssel legen. Mit Zitronensaft und etwas kaltem Wasser bedecken und 15 Minuten beiseite stellen. Danach die Artischockenscheiben abgießen und mit einem sauberen Tuch sorgfältig trocknen. Die Artischocken in eine Servierschüssel geben (groß genug, um auch die Pasta aufzunehmen). Mit Salz und Pfeffer abschmecken und mit Öl beträufeln. Die Pasta in reichlich Salzwasser *al dente* (bissfest) kochen. Abgießen, gründlich abtropfen lassen. Zu den angemachten Artischocken geben und alles kräftig mischen. Mit Parmesan bestreuen und sofort servieren.

Wein: leichter trockener Weißwein (Cinque Terre)

Terrassierte Olivenhaine
Ligurien besteht zum großen Teil aus steilen Hügeln. Das Ackerland schmiegt sich an die Berghänge. Viele der Ölbäume wachsen auf speziell angelegten Terrassen.

Aroma-Öl mit Basilikum

Im milden Klima Liguriens gedeihen Kräuter wie Basilikum besonders gut. Das köstliche ligurische Öl ist eine hervorragende Grundlage für Aroma-Öl mit Basilikum. Man kann es kaufen oder selbst zubereiten – nach dem Rezept von Salbei-Öl (siehe Seite 24), wobei man statt Salbei doppelt so viele frische Basilikumblätter nimmt.

PESTO
Als es noch keine Mixer gab, wurde pesto *– Italiens Basilikumsauce – mithilfe eines Mörsers zubereitet. Dieses herrliche Stück ist aus dem Holz eines ligurischen Ölbaums geschnitten.*

KOCHEN MIT LIGURISCHEM ÖL
Der zarte, köstliche Geschmack des ligurischen Öls passt am besten zu Fisch und Gemüse.

Reginette mit Pesto (4 Portionen)

- 2 mittelgroße Kartoffeln, in Würfeln
- 125 g Grüne Bohnen
- 450 g Reginette-Pasta
- 40 frische Basilikumblätter
- 1 EL Pinienkerne
- 3 EL frisch geriebener Parmesan
- 2 EL natives Olivenöl extra
- 2 Knoblauchzehen
- Salz und schwarzer Pfeffer aus der Mühle

Kartoffeln und Bohnen in reichlich kochendem Salzwasser 2 bis 3 Minuten garen. Die Pasta hinzufügen. Basilikum, Käse, Pinienkerne, Öl und Knoblauch im Mörser oder Mixer zu einer glatten Sauce verarbeiten. In eine Schüssel geben (groß genug auch für die Pasta). Pasta und Gemüse abgießen. 3 Esslöffel Kochwasser aufbewahren. Pasta, Gemüse und Kochwasser zur Sauce geben und verrühren. Heiß servieren.

Wein: trockener Weißwein (Vermentino)

Lombardei

Das meiste in der Lombardei erzeugte Olivenöl stammt aus der Provinz Brescia – dem Gebiet um den Garda- und den Iseosee, wo das Klima besonders mild ist. Am Gardasee wachsen die Ölbäume an den Hängen bis auf 650 Meter Höhe, wo die Durchschnittstemperaturen im Sommer über 20 °C liegen und im Winter nicht unter den Gefrierpunkt sinken. Die Öle vom Gardasee mit ihrem fruchtigen Aroma sind von guter Qualität. Um den Iseosee wachsen die Ölbäume bis auf 500 Meter Höhe, nach Norden bis ins Camonicatal. Sie liefern ausgezeichnetes Öl (kleine Mengen). Auch am Comer See, vor allem bei Bellagio, gedeihen Ölbäume. Von der produzierten kleinen Ölmenge geht das meiste in den regionalen Verbrauch.

LOMBARDEI

Hauptanbaugebiete: Gardasee, Iseosee, Comer See
Wichtigste Olivensorten: Casaliva (Garda- und Comer See), Gargnà (Gardasee), Leccino, Pendolino, Frantoio, Moraiolo

Kochen mit Ölen aus der Lombardei
Das Aroma der lombardischen Öle ist leicht und elegant, aber nicht zu prägnant. Sie eignen sich ausgezeichnet für Süßwasserfische und leichte Dressings.

Garda-Gold mit Zitronengeschmack
L'Oro del Garda (Garda-Gold) ist ein Dressing nach einem alten regionalen Rezept. Man presst dafür die besten, frisch geernteten Oliven zusammen mit von Hand gepflückten Zitronen. Das köstliche Öl hat ein kräftiges Aroma und einen köstlichen Geschmack. Nur wenige Tropfen sind die Krönung vieler Gerichte. Versuchen Sie es zu Fisch oder Meeresfrüchten.

Hecht in Oliven-Sauce
4 Portionen

- 1 kg Hecht
- 200 g Semmelbrösel
- 200 ml natives Olivenöl extra
- 3 EL Petersilie, fein zerkleinert
- 1 Knoblauchzehe, fein gehackt
- Salz und schwarzer Pfeffer aus der Mühle
- 1 EL weißer Essig
- 100 g Gemüse-Pickles, zerkleinert
- 100 g grüne Oliven, entsteint und zerkleinert

Den Hecht säubern und entgräten. Abspülen, trocknen und in Semmelbröseln wenden. Mit etwas Olivenöl beträufeln und im Grill braten. Petersilie und Knoblauch gut mischen und mit dem restlichen Öl beträufeln. Mit Salz und Pfeffer abschmecken. Den Hecht in 4 Portionen teilen und mit Sauce beträufeln, Pickles und Oliven darüber geben und servieren.

Wein: trockener Weißwein (Riviera del Garda Bianco)

Trentino

Das kühlere Klima und das raue Terrain des Trentino sind nicht besonders für den Ölbaumanbau geeignet, dessen Großteil sich im milderen Mikroklima um den Gardasee konzentriert. Olivenbäume wachsen bis auf eine Höhe von 400 Metern in den Bergen bei Riva del Garda an der Nordspitze des Sees. In dieser Region wird nur wenig Olivenöl erzeugt und das meiste davon in der Gegend verbraucht.

TRENTINO

HAUPTANBAUGEBIET: Gardasee
WICHTIGSTE OLIVENSORTEN: Raza, Favarol, Rossanel, Leccino, Pendolino, Frantoio

Die Öle von der Trentiner Seite des Gardasees ähneln denen von der lombardischen Seite.

Porree-Kartoffel-Suppe
4–6 Portionen

- 1 große Zwiebel, gewürfelt
- 1 kleiner Bund Petersilie, fein zerkleinert
- 1 Knoblauchzehe, zerdrückt
- 1 Möhre, in Würfeln
- 1 Stück Staudensellerie, fein zerkleinert
- 4 EL natives Olivenöl extra
- 6 Porreestangen, in Ringen
- 6 große Kartoffeln, gewürfelt
- 1 l kaltes Wasser
- 6 frische Basilikumblätter
- Salz und schwarzer Pfeffer aus der Mühle
- Croûtons (geröstete Brotwürfel)
- Olivenöl zum Servieren

Zwiebeln, Petersilie, Knoblauch, Möhre und Sellerie in Öl sautieren, bis alles weich ist (nicht bräunen). Porree zugeben und 10 Minuten garen. Kartoffeln und Wasser hinzufügen. Mit Salz und Pfeffer abschmecken. Basilikumblätter zugeben und alles garen, bis die Kartoffeln sehr weich sind. Von der Kochstelle nehmen und nach Belieben pürieren. Im Winter die Suppe heiß über die Croûtons gießen und sofort servieren. Im Sommer kalt werden lassen und Croûtons darauf streuen. Die Suppe vor dem Servieren immer mit Olivenöl beträufeln.

Wein: trockener, aromatischer Weißwein (Alto Adige Traminer Aromatico)

Venetien

Wie in anderen Regionen Norditaliens, in denen Ölbäume wachsen, ist die Produktion auf die Gebiete mit mildem Klima beschränkt. In Venetien wachsen die meisten Oliven in der Provinz Verona, in der Gegend zwischen Gardasee und Valpolicella. Nur ein geringer Anteil der Produktion wird außerhalb der Region verkauft. Öl von besonders hoher Qualität liefert die Gegend am Monte Grappa, zwischen Marostica und Asolo – von dort kommen die köstlichen Leccino- und Frantoio-Sorten. Auch davon wird das meiste Öl leider vor Ort verbraucht.

VENETIEN

HAUPTANBAUGEBIETE: Provinzen Verona, Colli Euganei, Colli Berici
WICHTIGSTE OLIVENSORTEN: Grignan, Trep, Casaliva, Leccino, Frantoio, Pendolino, Rasara, Marzemino, Riondella, Matosso (Colli Euganei, Colli Berici)

Farfalle mit Radicchio und Caprino
4 Portionen

- 1 Zwiebel, in dünnen Scheiben
- 7 EL natives Olivenöl extra
- 1 großer Kopf (oder 2 kleine) Radicchio, in Streifen geschnitten
- Salz und schwarzer Pfeffer aus der Mühle
- 60 ml leichtes Bier
- 125 g frischer Caprino (Ziegenkäse)
- 2 EL Milch
- 450 g Farfalle

Zwiebeln in 3 Esslöffeln Öl sautieren, bis sie weich sind. Radicchio zugeben. Mit Salz und Pfeffer abschmecken. Alles einige Minuten bräunen und Bier zugeben. Wenn das Bier verdunstet ist, Caprino hinzufügen und umrühren. Milch einrühren. Pasta in reichlich Salzwasser *al dente* kochen. Abgießen und zur Sauce geben. Einige Minuten rühren, mit dem restlichen Öl beträufeln und servieren.

Wein: trockener Rotwein (Colli Berici Merlot)

KOCHEN MIT ÖLEN AUS VENETIEN
Das elegante, leichte Aroma der Öle passt gut zu Gemüse und Suppen. Der leicht bittere Geschmack des Radicchio (aus der Chicorée-Familie) wird durch die Öle der Region besonders gut hervorgehoben. Probieren Sie: Radicchio mit Olivenöl beträufeln und backen oder grillen.

Friaul-Julisch Venetien

HAUPTANBAUGEBIETE: Carsotal, Provinzen Gorizia und Udine
WICHTIGSTE OLIVENSORTEN: Bianchera, Carbona Buka

In einigen Gegenden von Friaul-Julisch Venetien mit einem besonderen Mikroklima geht die Tradition des Anbaus von Ölbäumen bis zu den Römern zurück. Als Ende der 1920er Jahre starker Frost den meisten Ölbäumen schwere Schäden zufügte, musste man die Ölproduktion einstellen. Vor einigen Jahren wurde sie wieder aufgenommen, und sie weitete sich schnell aus. Aus dem Carsotal bei Triest hat sich die Ölherstellung rasch in die bergigen Regionen von Gorizia und Udine ausgedehnt. Neben den traditionellen Olivensorten bauen die neuen Erzeuger gefragte Sorten an. Die erzeugten Ölmengen sind nicht groß, doch von guter Qualität mit reichem, fruchtigem Aroma.

KOCHEN MIT ÖLEN AUS FRIAUL-JULISCH VENETIEN
In dieser Gegend wird häufig Speck zusätzlich oder anstatt Olivenöl zum Kochen verwendet. Das verleiht den Gerichten einen deftigeren Charakter.

Gemüsesuppe
6 Portionen

- 1 Stange Porree, in feinen Ringen
- 6 EL natives Olivenöl extra
- 3 Knollen frischer wilder Fenchel, zerkleinert
- 250 g gemischtes Gemüse (Rüben, Radicchio, Kohl, Mangold), in feinen Streifen
- 60 g getrocknete weiße Cannellini-Bohnen, eingeweicht und mit einem Salbeiblatt gegart
- Kochwasser von den Bohnen
- Salz und schwarzer Pfeffer aus der Mühle
- 60 g Parmesan, frisch gerieben
- 6 große Scheiben Brot, getoastet

Porree und Fenchel in 3 Esslöffeln Öl braten. Das Gemüse hinzufügen und zugedeckt 10 Minuten garen. Bohnen und Kochwasser zugeben. Mit Salz und Pfeffer würzen. Zugedeckt bei niedriger Hitze etwa 30 Minuten köcheln lassen. Zum Servieren die Suppe mit Öl beträufeln und Parmesan darüber streuen. Brot dazu reichen.

Wein: leichter trockener Rotwein (Friuli-Colli Orientali Merlot)

Emilia-Romagna

Einst baute man Ölbäume auch in den Hügeln um Bologna an, heute wachsen sie nur noch in zwei Gegenden der Romagna: bei Brisighella und in den Hügeln von Rimini. Das bekannteste Öl ist das Brisighella-Öl – eine der ausgewählten italienischen Sorten, die das Prädikat D.O.P. erhalten haben. Es wird fast ausschließlich aus Nostrana-di-Brisighella-Oliven hergestellt, und man rühmt es wegen seines köstlichen Aromas. In der Romagna verkauft man das Olivenöl nicht – wie in anderen Regionen – offen, da fast die ganze Produktion auf Flaschen gezogen wird.

EMILIA-ROMAGNA

HAUPTANBAUGEBIETE: Brisighella, Hügel von Rimini
WICHTIGSTE OLIVENSORTE: Nostrana di Brisighella

Pasta mit rohen Zucchini, Pecorino und Minze
4 Portionen

- 6 frische kleine Zucchini, in feinen Stiften
- 1 TL Zitronensaft
- Salz und schwarzer Pfeffer aus der Mühle
- 4 Fl natives Olivenöl extra
- 6 frische Minzeblätter
- 450 g Penne
- 90 g frischer Pecorino, gewürfelt

Zucchini in eine Schüssel geben (so groß, dass auch die Pasta Platz hat). Zitronensaft, Salz, Pfeffer, Öl und Minze zugeben. Alles gut mischen und 20 Minuten ziehen lassen. Pasta in reichlich Salzwasser kochen, bis sie *al dente* ist. Abgießen. Zu den Zucchini geben und alles gründlich vermengen. Den Pecorino zugeben, nochmals umrühren und servieren.

Wein: leichter trockener Rotwein (Sangiovese di Romagna)

Sie werden manchmal hören, dass man beim Kochen von Pasta ein paar Tropfen Olivenöl ins Kochwasser geben soll, damit die Pasta nicht verklebt. Das ist ein Ammenmärchen: Wenn Ihre Pasta beim Kochen verklebt, haben Sie wohl nicht genügend Wasser im Topf. Sie sollten, wenn Sie die Pasta ins Wasser geben, umrühren und dann ab und zu während des Kochens.

Toskana

Einige der besten Öle Italiens werden in der Toskana erzeugt. Oliven wachsen fast in der gesamten Region, nur nicht in den fruchtbaren Ebenen und Berglandschaften. Die Toskana lässt sich in drei Olivenanbau-Gebiete gliedern: den Küstenstreifen, die Maremmen um Grosseto und die Hügel im Landesinneren. Das Klima der Küstenregion wird trotz großer Temperaturschwankungen von der Meeresnähe beeinflusst. Die Qualität des Öls ist gut, obwohl von Insekten verursachte Krankheiten sie in manchen Jahren beeinträchtigen. In den Maremmen bestimmen zwei Olivensorten den Charakter des Öls: Seggianese und Caninese. Das wichtigste Anbaugebiet liegt im Innern der Toskana, in den Hügeln um Lucca, Pistoia, Prato, Florenz, Arezzo und Siena. Die Öle können in einer Gegend und bei Verwendung gleicher Olivensorten sehr unterschiedlich sein – aufgrund von Mikroklima, Lage und Bodenart. In den letzten Jahren haben einige Hersteller damit experimentiert, Öl aus einer einzigen Olivensorte herzustellen. Da die ersten Ergebnisse ermutigend waren, werden die Experimente fortgesetzt.

Die mit Stroh umwickelten toskanischen Ölkrüge erinnern an die berühmten Chiantiflaschen, die aus derselben Gegend kommen. Die Öle, die in den Hügeln der Chianti-Classico-Region erzeugt werden, haben ein intensiveres Aroma als andere toskanische Öle.

TOSKANA

Hauptanbaugebiet: die ganze Region
Wichtigste Olivensorten: Leccino, Frantoio, Pendolino, Moraiolo, Maurino, Punteruolo (Versilia), Razzo (Hügel von Pisa), Maremmano (Bezirk Grosseto), Seggianese (Hügel der Maremmen), Caninese (Maremmen)

Laudemio
Dieses Öl wird von einem Konsortium aus 22 Herstellern produziert, mit strengen Vorgaben bezüglich Boden, Erntezeit und Herstellungsmethoden. Laudemio stammt aus verschiedenen Olivenhainen mit typisch toskanischen Sorten. Dieses Öl ist kräftig grün und hat ein fruchtiges Aroma, ähnlich dem frischer Oliven.

Eingriffe des Menschen
Ölbaum-Anbaugebiete reichen in der Toskana von den Ebenen auf Meeresspiegelhöhe bis zu Höhen von 700 Metern. Selbst in Gegenden, die sich nicht optimal dafür eignen, wie den Crete (Lehmhügel) bei Siena, oder in klimatischen Grenzgebieten, wie häufig im Hügelland, haben die Menschen die Landschaft so weit verändert, dass Olivenöle von sehr hoher Qualität erzeugt werden können.

Panzanella – Toskanischer Brotsalat
4 Portionen

- 1 l kaltes Wasser
- 250 ml Weißweinessig
- 500 g Brot mit fester Struktur, am besten ungesalzen, in Scheiben oder Brocken
- 1 rote Zwiebel, in feinen Ringen
- 125 ml natives Olivenöl extra
- Salz und schwarzer Pfeffer aus der Mühle
- 4 große Tomaten, in Stücken
- 8–10 Basilikumblätter, zerpflückt

Das Wasser und die halbe Menge Essig mischen und das Brot darin 1 Stunde einweichen. Die Zwiebeln in 2 Esslöffeln vom restlichen Essig 30 Minuten einlegen. Brot ausdrücken und in eine Schüssel geben. Öl und restlichen Essig zugießen. Mit Salz und Pfeffer abschmecken. Tomaten, Zwiebeln und Basilikum zugeben. Mindestens eine Stunde in den Kühlschrank stellen.

Wein: junger trockener Rotwein (Chianti)

Öl aus Lucca
Aus dem Gebiet um Lucca kommen einige der besten toskanischen Öle. Sie sind süßer und köstlicher als andere Öle der Toskana.

Ribollita – Bohnen-Gemüse-Eintopf
6 Portionen

- 1 rote Zwiebel, fein gewürfelt
- 4 EL natives Olivenöl extra
- 300 g getrocknete Cannellini-Bohnen, eingeweicht und mit Salbei in Salzwasser weich gekocht
- 750 ml Fleischbrühe (selbst gemacht oder aus Brühwürfeln)
- ½ kleiner Wirsing, zerkleinert
- 3 kleine Tomaten, grob zerkleinert
- 250 g Mangold, zerkleinert
- 1 Zucchino, grob zerkleinert
- 1 Möhre in Scheiben
- 1 Staudensellerie, grob zerkleinert
- 2 Kartoffeln, gewürfelt
- 250 g toskanischer Kohl, zerkleinert
- 1 Stange Porree, in Ringen
- Salz und schwarzer Pfeffer aus der Mühle
- 6 Scheiben Brot mit fester Struktur

Die Zwiebelwürfel in der Hälfte des Öls sautieren. Zwei Drittel der Cannellini-Bohnen im Mixer pürieren und mit der Fleischbrühe zu den Zwiebeln geben. Gemüse hinzufügen und garen, bis es weich ist. Restliche Bohnen einrühren. Das Brot in eine eingeölte Auflaufform legen und die Gemüsemischung darüber gießen. Mit dem restlichen Öl beträufeln. Im vorgeheizten Backofen bei 200 °C (Gas Stufe 3) 30 Minuten backen. Heiß servieren.

Wein: trockener Rotwein (Chianti dei Colli Fiorentini)

Kochen mit toskanischen Ölen
Toskanische Öle sind bekannt für ihr fruchtiges Aroma, den grasigen Duft und den würzigen, leicht bitteren Geschmack. Sie passen ausgezeichnet zu Bohnen, Kichererbsen, Florentiner Steak und kräftigem Gemüse wie Brokkoli.

Zu allen traditionellen toskanischen Rezepten gehört Öl. Es gibt sogar Plätzchen und Kuchen, die man mit Öl statt mit Butter zubereitet.

Tomaten-Brot-Suppe
4 Portionen

- 4 ganze Knoblauchzehen, geschält
- 4 EL natives Olivenöl extra
- 450 g Tomaten aus der Dose
- 12 frische Basilikumblätter, zerpflückt
- 300 g Brot vom Vortag, dicke Scheiben gewürfelt
- 300 ml kochendes Wasser
- Olivenöl zum Servieren

Den Knoblauch in Öl sautieren. Mit einer Gabel zerdrücken, wenn er beginnt, weich zu werden. Herausnehmen, sobald er goldbraun ist. Die Tomaten zugeben und mit einem Holzlöffel zerdrücken. Bei niedriger Hitze einkochen lassen. Die Hälfte Wasser zugießen und die Hitze größer stellen. Häufig umrühren, wenn nötig, Wasser zugeben, sodass eine breiartige Masse entsteht. Die Suppe vor dem Servieren 5 Minuten ziehen lassen. Mit etwas Öl beträufeln und heiß servieren.

Wein: trockener Rotwein (Chianti dei Colli Fiorentini)

Die beschriebenenSuppen werden mit dem typisch toskanischen ungesalzenen Brot, das eine feste Struktur besitzt, zubereitet. In der Toskana wird seit Jahrhunderten ungesalzenes Brot gebacken. Nach der Verbannung aus seiner Heimat Florenz schrieb der mittelalterliche Dichter Dante in der Göttlichen Komödie: *»O quanto è salato il pane altrui.« (»Wie salzig ist anderer Leute Brot!«)*

Die Marken

Hauptanbaugebiete: *Provinz Ancona, Hügel um Pesaro, Provinz Ascoli Piceno*
Wichtigste Olivensorten: *Leccino, Frantoio, Moraiolo, Rosciola, Carboncella*

Einige ausgezeichnete Öle stammen aus den Marken. Eines, aus Frantoio- und Leccino-Oliven, wird durch die Bora begünstigt, die von der Adria her weht. Das duftende, leicht fruchtige Aroma des hellgrünen Öls passt gut zu Gemüsesuppen. Auch um Ancona wird sehr gutes natives Olivenöl produziert. Sein feines Aroma erinnert an Haselnuss und Stroh, während der Geschmack kräftig und fruchtig ist. Grundlage sind Carboncella-, Raggiolo- und Frantoio-Oliven. Die meisten Öle der Region passen zu Fisch und Meeresfrüchten.

Ascolana-Oliven
Die Marken sind bekannt für die Produktion von Tafeloliven. Die Sorte Ascolana gehört zu den besten Italiens. Das Öl dieser Sorte ist gelbgrün, köstlich und fast süß im Geschmack.

Für dieses Gericht brauchen Sie Zeit und Geduld, doch diese kleinen Oliven schmecken so gut, dass Sie diese Leckerei gewiss immer wieder machen werden.

Gefüllte, gebratene Oliven
6 Portionen

- 150 g Schweinehackfleisch
- 150 g Rinderhackfleisch
- 2 EL natives Olivenöl extra
- 2 EL Tomatenmark
- 100 g Hühnerleber, zerkleinert
- 1 Brötchen vom Vortag, eingeweicht, ausgedrückt und zerpflückt
- 3 Eier
- 5 EL Parmesan, frisch gerieben
- Salz und schwarzer Pfeffer aus der Mühle
- je 1 Prise Muskatnuss und Zimt
- 60 große grüne Oliven, entsteint
- 150 g Weizenmehl
- 150 g Semmelbrösel
- 500 ml Olivenöl zum Frittieren

Hackfleisch 5 Minuten in Öl sautieren. Tomatenmark zugeben und 15 Minuten garen. Hühnerleber hinzufügen und weitere 5 Minuten garen. In einer Schüssel Hackfleisch, Brötchen, 1 Ei, Parmesan, Salz, Pfeffer, Muskat und Zimt mischen und die Oliven damit füllen. Mehl, 2 Eier (verschlagen) und Semmelbrösel in je eine Schüssel füllen. Die Oliven (nacheinander) darin wenden und in einer Pfanne frittieren. Wenn die Oliven eine goldbraune Kruste haben, mit einem Schaumlöffel herausnehmen. Auf Küchenpapier abtropfen lassen. Heiß servieren.

Wein: trockener Rotwein (Rosso Piceno)

Umbrien

Umbriens Olivenölproduktion besitzt, was Quantität und Qualität betrifft, eine so große Bedeutung, dass man die Region manchmal als die Goldküste des italienischen Ölbaumanbaus bezeichnet. Die Tradition reicht bis ins 7. Jh. v. Chr. zu den Etruskern zurück und wurde von den Römern verstärkt. Hauptanbaugebiete sind die Trasimener Berge (Heimat der Dolce-Agogia-Oliven, die ein leichtes, mittelfruchtiges Öl liefern) und das Umbratal. Dort ist die Moraiolo-Olive am häufigsten, deren Öle stark fruchtig sind und in Geschmack und Nachgeschmack an Artischocken und Bittermandeln erinnern.

HAUPTANBAUGEBIETE: *Hügel um den Trasimener See, Umbratal*
WICHTIGSTE OLIVENSORTEN: *Dolce Agogia, Moraiolo*

KOCHEN MIT UMBRISCHEN ÖLEN
Die ausgewogenen Öle Umbriens sind sehr vielseitig und können zu vielen verschiedenen italienischen Gerichten verwendet werden.

Dinkel ist eine alte mediterrane Getreidesorte, die im letzten Jahrzehnt wieder in Mode gekommen ist. Man kann stattdessen auch Perlgraupen verwenden.

Dinkelsuppe
6 Portionen

- 1 Zwiebel, gewürfelt
- 2 Knoblauchzehen, zerkleinert
- 1 Möhre, zerkleinert
- 1 Selleriestaude, zerkleinert
- 1 Stange Porree, zerkleinert
- 4–6 EL natives Olivenöl extra
- 125 g Pancetta, grob gewürfelt
- 300 g Dinkel, über Nacht in Salzwasser eingeweicht
- 300 g getrocknete Cannellini-Bohnen, eingeweicht und mit Salbei in Salzwasser gekocht
- Salz und schwarzer Pfeffer

Das Gemüse in der Hälfte des Öls anbraten. Pancetta zugeben und goldbraun braten. Dinkel hinzufügen und unter Rühren 5 Minuten garen. Von der Kochstelle nehmen. Zwei Drittel der Bohnen pürieren und mit etwas Kochwasser zur Dinkelmischung geben. Bei niedriger Hitze garen, bei Bedarf Kochwasser zugießen. Restliche Bohnen zugeben. 5 Minuten garen. 10 Minuten ziehen lassen. Mit Öl beträufelt servieren.

Wein: trockener Weißwein (Orvieto Classico)

Latium

HAUPTANBAUGEBIETE: Sabina, Provinz Viterbo
WICHTIGSTE OLIVENSORTEN: Carboncella, Raja, Moraiolo, Frantoio (Sabina), Rosciola (Sabina und Provinz Frosinone), Caninese (Canino), Itrana (Provinz Latina)

Latium kann sich zweier Gebiete rühmen, denen das D.O.P.-Prädikat gewährt wurde: Sabina, in den Provinzen Rom und Rieti, sowie Canino in der Provinz Viterbo. Dort werden traditionell Qualitätsöle produziert, obwohl in den letzten Jahren andere Gegenden im Süden Latiums, in den Provinzen Latina und Frosinone, auch ausgezeichnete Öle erzeugt haben. Das D.O.P.-Öl aus Sabina hat ein fruchtiges Aroma und einen intensiven Geschmack. Das Aroma des Canino-Öls aus dem Nordwesten beim Bolsenasee ist fruchtig mit Kräuteranklängen. In Latina liefert die Itrana-Olive ein Öl mit blumigem Duft. Die süßen Öle Frosinones stammen meist von der Rosciola-Olive.

Canino-Öl ist nach der hauptsächlich verwendeten Olivensorte benannt.

Bruschetta mit Tomaten und Basilikum
4 Portionen

- 4 große Scheiben Brot
- 2 Knoblauchzehen
- Salz
- schwarzer Pfeffer aus der Mühle
- 8 EL natives Olivenöl extra
- 6 reife Tomaten
- 8–12 Basilikumblätter, zerpflückt

Brot toasten und mit Knoblauch einreiben. Mit Salz, Pfeffer würzen und der Hälfte des Öls beträufeln. Tomaten halbieren, Samen entfernen. Mit Salz bestreuen und 20 Minuten mit der Schnittfläche nach unten abtropfen lassen; danach klein würfeln. Auf Toast anrichten und mit Basilikum garnieren. Mit dem restlichen Öl beträufeln und servieren. *Bruschetta* ist exzellent als Imbiss und Vorspeise. Man kann auch etwas Mozzarella zugeben.

Wein: leichter trockener Weißwein (Colli Albani)

Neben bruschetta *mit frischen Tomaten gibt es unzählige Varianten: mit Tomatensauce, Zwiebelringen, Pfeffer, Basilikum und anderen Dressings. In der Toskana (wo man die* bruschetta *als* fettunta *kennt) sind* cavolo nero *oder Cannellini-Bohnen traditionelle Beläge.*

Abruzzen

Ölbäume wachsen im gesamten Gebiet. Eines der besten Öle (mit dem begehrten D.O.P.-Prädikat) wird in den Provinzen von Teramo und Pescara hergestellt, vor allem in der Gegend um die Städte Pianella, Moscufo und Loreto Aprutino. Dazu verwendet man die hier beheimatete Dritta-Olive, die viele für die beste italienische Sorte halten. Das Öl ist hellgrün mit kräftigem, fruchtigem Aroma und reichem Geschmack. Das Hauptanbaugebiet der Abruzzen liegt südlicher, im Becken von Sulmona und im Tirinotal. Hier sind die Hauptsorten: Leccino, Toccolana, Moraiolo und Frantoio. Die Förderung regionaler Sorten hat die Gentile di Chieti wieder ins Blickfeld gerückt.

ABRUZZEN

HAUPTANBAUGEBIETE: Becken von Sulmona, Tirinotal
WICHTIGSTE OLIVENSORTEN: Dritta, Toccolana, Leccino, Moraiolo, Frantoio

Pilzsuppe
4 Portionen

- 2 Knoblauchzehen, fein zerkleinert
- 2 EL Petersilie, zerkleinert
- 3 EL natives Olivenöl extra
- 600 g Steinpilze, sorgfältig geputzt und grob zerkleinert
- 200 ml Weißwein
- 500 ml Wasser oder Gemüsebrühe
- 1 TL getrockneter Thymian
- Salz und schwarzer Pfeffer aus der Mühle
- 4 große Scheiben Brot, getoastet

Knoblauch und Petersilie in Öl dünsten. Pilze zugeben und bei starker Hitze 3 bis 4 Minuten garen. Wein zugießen und kochen, bis er verdampft ist. Hitze reduzieren und Wasser oder Brühe zugießen. Mit Thymian, Salz und Pfeffer würzen und die Pilze weich garen. Je eine Scheibe Toast in Suppentassen geben und die Suppe darüber gießen. Heiß servieren.

Wein: trockener Rotwein (Montepulciano d'Abruzzo)

Molise

Diese kleine Region verfügt über eine lange, erfolgreiche Tradition in der Ölproduktion. Der größte Teil wird im Bifernotal, in der Gegend um Larino, erzeugt. Dieses Öl aus der regionalen Gentile-di-Larino-Olive ist grün mit gelblichen Glanzlichtern. Sein Aroma ist köstlich und der Geschmack voll, mit einem Nachgeschmack nach Mandeln. In anderen Gegenden sind Olivensorten aus Apulien, wie Coratina, Peranzana und Cellina, verbreitet. In Molise konnte man während der letzten Jahre die Ölqualität deutlich steigern.

MOLISE

HAUPTANBAUGEBIET: Bifernotal
WICHTIGSTE OLIVENSORTEN: Gentile di Larino, Coratina, Peranzana, Cellina

KOCHEN MIT ÖLEN AUS MOLISE
Die vielseitigen Öle aus Molise sind meist süßlich mit blumigen und fruchtigen Untertönen im Duft. Sie passen am besten zu Pasta und Lamm.

Pasta mit Ricotta
4 Portionen

- 300 g frische Ricotta
- 1 Prise Muskatnuss
- 1 EL geriebene Zitronenschale
- 2 EL Parmesan, frisch gerieben
- 4 EL natives Olivenöl extra
- 450 g Penne
- Salz und Pfeffer aus der Mühle

Ricotta in eine Schüssel geben, die so groß ist, dass auch die Nudeln darin Platz haben. Muskatnuss, Zitronenschale, Parmesan und Öl mischen. Die Pasta in reichlich Salzwasser *al dente* kochen und abgießen. 2 Esslöffel des Pastakochwassers zur Ricotta geben. Mit Salz und Pfeffer abschmecken. Pasta unter die Ricotta-Mischung heben und sofort servieren.

Wein: leichter trockener Weißwein (Biferno Bianco)

Kampanien

Klima und die Vielfalt der angebauten Olivensorten schaffen in Kampanien ideale Bedingungen für die Ölerzeugung. Unter Italiens Öl produzierenden Regionen steht es an fünfter Stelle. Nicht alle kampanischen Öle weisen eine hohe Qualität auf, aber auf der Halbinsel von Sorrent und in Cilento werden einige exzellente Sorten erzeugt. In manchen Olivenhainen bei Pisciotta sollen Bäume stehen, die 1200 Jahre alt sind. Das native Öl extra von Sorrent (aus Frantoio- und Leccino-Oliven) hat ein intensives Mittelmeerkräuter-Aroma und einen vollen, fruchtigen Geschmack. Ein weiteres hervorragendes Öl wird in Sanio unter anderem aus Racioppella- und San-Lorenzo-Maggiore-Oliven hergestellt.

KAMPANIEN

HAUPTANBAUGEBIETE: Provinz Salerno, Cilento, Halbinsel von Sorrent, Sannio
WICHTIGSTE OLIVENSORTEN: Rotondella (Provinzen Salerno und Cilento), Carpellese (Provinz Salerno), Minucciola (Halbinsel von Sorrent), Pisciottana, Salella (Cilento), Leccino, Coratina, Frantoio, Carolea

KOCHEN MIT ÖLEN AUS KAMPANIEN
Diese Öle passen gut zu Fleisch, Fisch (gebraten oder gegrillt) oder als Basis für Fischsuppen.

Kaninchen nach Art von Ischia
4 Portionen

- 1 Kaninchen von 1,5 kg, am besten mit Leber
- Saft von 1 Zitrone
- 4 Knoblauchzehen, zerkleinert
- 200 ml natives Olivenöl extra
- 750 g Tomaten, abgezogen und zerkleinert
- 6–8 kleine Zweige frischer Rosmarin
- 200 ml trockener Weißwein
- Salz und schwarzer Pfeffer

Kaninchen in 8 Stücke teilen. Leber in einer Wasser-Zitronensaft-Mischung waschen und grob zerkleinern. Knoblauch in Öl kurz anbraten. Kaninchen zugeben und leicht bräunen. Wein zugießen und kochen, bis er verdampft ist. Tomaten zugeben und mit Salz und Pfeffer würzen. Bei mittlerer Hitze 20 Minuten garen. Leber und Rosmarin hinzufügen und bei starker Hitze 5 Minuten garen.

Wein: leichter, trockener Weißwein (Biferno Bianco)

Basilikata

Zwischen Kampanien, Apulien und Kalabrien liegt fast versteckt die Basilikata, die in nur zwei Provinzen gegliedert ist: Potenza und Matera. Die Wirtschaft der Region basiert auf der Landwirtschaft, doch schwierige Bodenbedingungen, geringe Niederschlagsmengen und die bergige Landschaft machen sie zu einer Herausforderung. Oliven werden hier seit Jahrhunderten angebaut, und es gibt unzählige regionale Sorten. Maiatica di Ferrandina, Palmarola, Angellina, Ripolese, Giamaraper sind wohl die besten. Ihre goldgelben Öle haben ein köstliches Aroma.

BASILIKATA

HAUPTANBAUGEBIETE: Metaponto, Vulture, Basentotal
WICHTIGSTE OLIVENSORTEN: Maiatica di Ferrandina, Palmarola, Angellina, Ripolese, Giamaraper

Toast mit Bohnen
6 Portionen

- 500 g getrocknete weiße Cannellini-Bohnen, über Nacht eingeweicht und mit 3–4 Salbeiblättern in Salzwasser gekocht
- 12 Scheiben Brot, getoastet
- 6 EL natives Olivenöl extra
- schwarzer Pfeffer aus der Mühle

Auf jedem Teller 2 Scheiben Brot anrichten. Die Bohnen darauf geben. Olivenöl und Pfeffer darüber verteilen und sofort servieren.

Wein: trockener Rotwein (Aglianico del Vulture)

KOCHEN IN DER BASILIKATA
Die einfache Küche der Basilikata, als cucina povera *(arme Küche) bekannt, fußt auf jahrtausendealten Traditionen. Gerichte wie Püree aus Dicken Bohnen haben sich seit den Römern kaum verändert. Brot, Pasta, Hülsenfrüchte, Käse, Oliven, Lamm- und Schweinefleisch sowie Fisch sind die Grundlagen der Ernährung. Lokale Öle bereichern diese typische Mittelmeerküche.*

Apulien

In der Erzeugung von Oliven ist Apulien führend: 40 Prozent der italienischen Gesamtmenge, 20 Prozent der EU-Produktion und 12,5 Prozent der Weltproduktion wachsen hier. Es gibt drei Hauptanbaugebiete: Bari, Foggia und die Halbinsel Salento. In der Provinz Bari wird der Anbau am intensivsten in Murge betrieben, wo die Ölbäume, die oft jahrhundertealt sind, in Kübel gepflanzt und zusammen mit Mandelbäumen und Gemüse gezogen werden. In der Provinz Foggia stehen die Ölbäume auf den sanften Hängen des oberen Tavoliere, im Gargano und im Gebiet um Dauno. Die Hälfte der apulischen Gesamtproduktion stammt von der Halbinsel Salento. Bis vor kurzem war ein Großteils des Öls von minderer Qualität. Man legte mehr Wert auf Quantität als auf Qualität. Das hat sich aber inzwischen grundlegend geändert, denn heute werden in Apulien vier D.O.P.-Öle hergestellt.

APULIEN

HAUPTANBAUGEBIET: ganze Region
WICHTIGSTE OLIVENSORTEN: Coratina (Provinzen Bari und Foggia), Ogliarola Barese (Provinz Bari), Cima di Mola (Provinz Bari), Peranzana (oberes Tavoliere), Ogliarola Garganica (Gargano), Ogliarola (Vorappennin Dauno, Salento), Rotondella (Vorappennin Dauno), Gellina di Nardò (Salento)

Bitonto-Öl
Ein ausgezeichnetes natives Öl extra wird in Bitonto, Provinz Bari, erzeugt. Es ist grünlich-golden mit vollem, fast süßem Geschmack und einem leichten Mandel-Nachgeschmack. Einer Sage zufolge hat Aristeus, der Gott der Erde, den Ölbaum ins Gebiet von Bitonto gebracht.

DER GESCHMACK VON APULIEN
Zu den vielen verschiedenen Ölen Apuliens kann man kaum eine allgemeine Aussage machen. Apulische Öle können pfefferig und kräftig schmecken – ideal für würzige Regionalgerichte. Aber sie können auch reif, salzig oder süß sein.

Terra di Bari
Dies ist eines der vier apulischen D.O.P.-Öle. Sie sind von exzellenter Qualität mit vollem Geschmack, der gut zur Regionalküche passt.

Dieses Gericht, italienisch 'ncapriata, *stammt von den alten Römern. Fast das gleiche Gericht wird heute noch in Ägypten zubereitet.*

In Apulien wächst sehr viel Gemüse, das auch ein wesentlicher Teil der Regionalküche ist. Traditionell endet eine Mahlzeit mit rohen Möhren und Sellerie oder anderem Gemüse, je nach Jahreszeit. Dazu wird eine Schüssel mit Olivenöl gereicht, in das die Rohkost getunkt wird.

Püree aus Dicken Bohnen
4 Portionen

- 300 g getrocknete Fava-Bohnen, über Nacht eingeweicht, abgegossen und abgespült
- 1 Selleriestaude, zerkleinert
- 1 große Kartoffel, zerkleinert
- 2 mittelgroße Zwiebeln, gewürfelt
- Salz
- 6 EL natives Olivenöl extra
- ganze oder gerebelte Chilischoten
- 500 g gekochter Chicorée

Bohnen, Sellerie, Kartoffeln und Zwiebeln in einen Topf geben. Mit Wasser bedecken und 2 Stunden bei niedriger Hitze garen. Mit Salz würzen. Die Hälfte des Öls zugeben und die Mischung im Mixer pürieren. 1 Esslöffel Öl in einem Topf erhitzen und das Püree zugeben. 5 Minuten garen. In Suppentassen geben und Chicorée und Chili hinzufügen. Mit Öl beträufeln und heiß servieren.

Wein: leichter, trockener Weißwein (Lizzano Bianco)

Rouladen nach Art von Bari
4 Portionen

- 12 dünne Scheiben Kalbfleisch
- 2 Knoblauchzehen, fein zerkleinert
- 2 EL Petersilie, fein zerkleinert
- 200 g Pecorino, in kleinen Würfeln
- ½ Zwiebel, fein gewürfelt
- 3 Lorbeerblätter
- 2 EL natives Olivenöl extra
- Salz und schwarzer Pfeffer aus der Mühle
- 500 g Tomaten aus der Dose

Auf die Fleischscheiben Knoblauch, Petersilie und Pecorino streuen. Das Fleisch aufrollen und mit Zahnstochern fixieren. Zwiebel und Lorbeerblätter in Öl dünsten. Die Rouladen hinzufügen und bei Mittelhitze etwa 5 Minuten garen. Mit Salz und Pfeffer würzen. Die Tomaten zugeben und alles mit schräg aufgelegtem Deckel 20 bis 30 Minuten garen, bis die Tomaten eingekocht sind und das Fleisch weich ist. Heiß servieren.

Wein: trockener Rotwein (Salice Salentino Rosso)

KOCHEN MIT APULISCHEN ÖLEN
Dank der Vielzahl der apulischen Öle und ihrer langen Tradition in der Regionalküche gibt es Öle für jede Gelegenheit. Rohe oder gekochte Gemüse mit einem Öl der Region sind ein Muss. Auch Suppen und Pasta mit Fisch schmecken köstlich.

MISCHKULTUREN
In einigen Gegenden Apuliens werden Ölbäume zusammen mit Mandel- und Johannisbrotbäumen sowie Gemüse gepflanzt.

Kalabrien

Olivenhaine bedecken den größeren Teil der landwirtschaftlichen Fläche Kalabriens, das der zweitgrößte Ölproduzent Italiens ist. Etwa ein Drittel der Produktion besteht aus hochwertigem nativem Öl extra, während der Rest einfaches Öl ist. Ein Großteil des nativen Öls extra ist von herausragender Qualität, und die Region besitzt zwei D.O.P.-Klassifikationen – Lametia und Bruzio. Man pflanzt hier nur Ölbäume der gleichen Sorte zusammen an. Eine Reihe streng kontrollierter Produktionsmethoden garantieren Öle mit einem einzigartigen, lang anhaltenden Aroma.

KALABRIEN

HAUPTANBAUGEBIETE: in der ganzen Region verteilt
WICHTIGSTE OLIVENSORTEN: Carolea, Sinopolese, Ottobratica, Grossa di Gerace

Große Teile Kalabriens sind trocken und bergig, doch in den fruchtbaren Tälern baut man Zitrusfrüchte, Gemüse (Tomaten, Paprika, Auberginen) und Ölbäume an. Kräuter wachsen wild in den Hügeln. Die Küstengewässer sind reich an Fisch. Diese typisch mediterranen Produkte sind Basis der Regionalküche.

Marinierte Anchovis mit Minze
4 Portionen

- 24 frische Anchovis
- 100 g einfaches Mehl
- 250 ml Olivenöl zum Frittieren
- Salz
- 2 EL Weißweinessig
- 2 EL natives Olivenöl extra
- 1 Bund frische Minze

Anchovis säubern und das Rückgrat entfernen. Abtrocknen und in Mehl wenden. Das Olivenöl sehr heiß werden lassen (darf nicht rauchen) und die Fische zugeben. Einige Minuten braten, bis sie gar sind. Auf Küchenpapier abtropfen lassen. Auf einer Platte anrichten. Salz und Essig darüber geben und 24 Stunden ziehen lassen. Mit Öl beträufeln und mit Minze garnieren.

Wein: leichter trockener Weißwein (Melissa Bianco)

Sizilien

Zuerst bauten die Griechen in Sizilien Ölbäume an, dann die Römer. Im Mittelalter verfeinerten die Araber ihre Kultur. Sizilien steht an dritter Stelle der italienischen Ölproduktion. Die meisten sizilianischen Olivenarten liefern sowohl Öl als auch Tafeloliven – beides in hervorragender Qualität. Im Allgemeinen werden in Sizilien die Oliven früher geerntet. Die wichtigsten Gebiete der Ölbaumkultur sind die Provinz Trapani, die Gegend um den Ätna und die Monti Iblei. Die Ätna-Öle erkennt man am appetitlichen grüngelben Farbton, am feinen, fruchtigen Aroma und dem leicht bitteren, würzigen Geschmack. In den Monti Iblei in der Provinz Syrakus im südlichen Sizilien liegen die Olivenhaine wegen der hohen Sommertemperaturen in den Bergen. Die Iblei-Öle haben mit ihrem frischen Tomatenduft einen ganz eigenen Charakter.

SIZILIEN

HAUPTANBAUGEBIETE: Provinz Trapani, Ätna-Gebiet, Monti Iblei
WICHTIGSTE OLIVENSORTEN: Nocellara del Belice e Cerasuola (Trapani), Nocellara Etnea (Ätna), Brandofino (Alcantaratal), Tonda Iblea e Moresca (Monti Iblei)

Orangensalat
4 Portionen

- 4 saftige Orangen, geschält und in dünne Scheiben geschnitten
- Salz
- 10 schwarze Oliven, entsteint und halbiert
- 1 kleine weiße Zwiebel, in Ringen
- 4 EL natives Olivenöl extra
- schwarzer Pfeffer

Die Orangen in einer Schüssel anrichten und mit Salz bestreuen. Oliven und Zwiebeln zugeben. Mit Öl und Pfeffer abschmecken.

Wein: leichter trockener Weißwein (Bianco di Donnafugata)

Geschmack
Viele sizilianische Öle sind frisch und köstlich, obwohl sie intensiv duften. Andere können so kräftig sein wie ihre toskanischen Verwandten im Norden.

Sizilianische Landschaft
Olivenhaine in größerer Höhe sind den heißen Sommertemperaturen weniger ausgesetzt und bieten daher ideale Bedingungen für leichte, elegante Öle.

Sizilianischer Pesto
4 Portionen

- 2 EL Kapern, gesalzen
- 750 g reife Tomaten
- Salz
- 4 EL natives Olivenöl extra
- ½–1 TL gerebelte Chilischoten
- 1 Knoblauchzehe, fein zerkleinert
- 1 TL getrockneter Oregano
- 450 g Pipette rigate oder ähnliche Pasta

Die Kapern unter fließendem kaltem Wasser etwa 1 bis 2 Minuten abspülen, um möglichst viel Salz zu entfernen. Gut trocknen. Die Tomaten waschen und halbieren. Mit einem Messer die Samen entfernen. Mit etwas Salz bestreuen und mit der Schnittfläche nach unten 30 Minuten abtropfen lassen. In einer Schüssel (groß genug, um auch die Pasta aufzunehmen) Öl, Chilischoten, Kapern, Knoblauch und Oregano mischen. Die Tomaten würfeln und zur Mischung geben. Etwa eine Stunde in den Kühlschrank stellen. Zuletzt die Pasta in reichlich Salzwasser kochen, bis sie *al dente* ist. Abgießen und zur Sauce geben. Gut vermischen und servieren.

Wein: trockener Weißwein (Alcamo)

Pasta mit gerösteten Paprika ist ein erfrischendes Sommeressen. Der süßsaure Geschmack ist typisch sizilianisch und zeugt von den Einflüssen des Nahen Ostens auf die Küche der Region. Achten Sie darauf, dass die Pasta nicht zu weich wird. Sobald sie al dente *ist, in ein Sieb abgießen und unter fließendes kaltes Wasser halten, damit sie nicht weitergart. Gut abgetropft unter die Sauce mischen. Dieses Gericht kann im Voraus zubereitet werden. Nehmen Sie es etwa 30 Minuten vor dem Servieren aus dem Kühlschrank.*

Provinz Trapani
Die Täler von Trapani in Westsizilien liefern ausgezeichnetes Öl mit Frucht- und Kräuter-Noten, die an Artischocken und Tomatenblätter erinnern.

Paprika-Nudel-Salat
4 Portionen

- 6 große Paprika (rot und gelb)
- 4 EL natives Olivenöl extra
- Salz und schwarzer Pfeffer aus der Mühle
- 2 EL Kapern
- 2 Anchovisfilets, zerkleinert
- 1 EL Rosinen, in warmem Wasser eingeweicht
- 1 EL Pinienkerne
- 450 g Rigatoni oder ähnliche kurze Nudeln

Die Paprika über der Flamme eines Gasherds oder im Grill rösten, bis ihre Haut blasig und schwarz ist. Für 10 bis 15 Minuten in eine Papiertüte geben, die fest verschlossen wird (dabei löst sich die Haut weiter und das Schälen wird erleichtert). Wenn die Schoten kühl genug zum Anfassen sind, die Haut mit den Fingern abziehen. Die Paprika halbieren, Stiele und Samen entfernen und das Fleisch der Länge nach in Streifen schneiden. Auf einer großen Platte anrichten. Olivenöl, Salz, Pfeffer, Kapern, Anchovis, Rosinen und Pinienkerne mischen und über die Paprika geben. 30 Minuten ziehen lassen. Die Nudeln in reichlich Salzwasser kochen, bis sie *al dente* sind. Abgießen und mit kaltem Wasser abschrecken. Gut abgetropft in eine Servierschüssel geben. Die Paprikamischung zugeben und alles noch einmal gut mischen. Bei Zimmertemperatur servieren.

Wein: trockener Roséwein (Etna Rosato)

Sardinien

Sardinien, die herrliche Mittelmeerinsel, bietet perfekte Bedingungen für den Anbau von Ölbäumen; sie gedeihen in jedem Bezirk. Die Abgeschiedenheit der Insel hat geholfen, einheimische Olivensorten zu bewahren, die sardische Öle in Geschmack und Geruch so einzigartig machen. In den letzten Jahren haben die sardischen Olivenbauern begonnen, ihre Oliven früher zu ernten und sorgfältiger zu pressen. Dieses Vorgehen zusammen mit den natürlichen Vorzügen der Insel hat einige große Öle hervorgebracht, in denen der Charakter der regionalen Sorten, wie ihr blumiger Duft, voll zur Geltung kommt.

SARDINIEN

HAUPTANBAUGEBIET: auf der ganzen Insel verteilt
WICHTIGSTE OLIVENSORTEN: Tonda di Cagliari, Nora di Gonnos, Bosana, Olianedda, Semidana, Pizz'e Carroga, Paschixedda

ALTES WISSEN
Die Ursprünge des Ölbaumanbaus auf Sizilien liegen in vorrömischer Zeit. Während der spanischen Herrschaft (14. bis 18. Jahrhundert) kamen neue Olivensorten dazu, und modernere Produktionsmethoden wurden eingeführt.

SARDISCHE KÜCHE
Erstaunlicherweise gibt es in der sardischen Küche mehr Rezepte für Schweine- und Lammfleisch als für Fisch und Meeresfrüchte.

Pasta mit Bottarga

4 Portionen

- 450 g Spaghetti
- 2 Knoblauchzehen, fein zerkleinert
- 2 EL Petersilie, fein zerkleinert
- 200 ml natives Olivenöl extra
- 40 g frisch geriebene Bottarga (getrockneter Meeräschen- oder Thunfisch-Rogen)
- schwarzer Pfeffer aus der Mühle

Spaghetti in reichlich Salzwasser kochen, bis sie *al dente* sind. Abgießen und in einer Pfanne rasch mit Knoblauch, Petersilie und Öl verrühren. Mit Bottarga und Pfeffer bestreuen und warm servieren.

Wein: leichter trockener Weißwein (Alghero Vermentino)

Bottarga kann entweder Meeräschen- oder Thunfisch-Rogen sein, wobei Meeräschen-Rogen von weit höherer Qualität sein soll. Für Bottarga salzt man die Eierstöcke der Fische und trocknet sie in der Sonne. Sie wird mit Pasta, in Salaten oder in dünnen Scheiben allein mit etwas nativem Olivenöl extra serviert.

Aroma
Der Duft fast aller sardischen Öle erinnert an Blumen. Wenn der Export weiter so steigt wie in den letzten Jahren, werden sie bald zu den beliebtesten Ölen in Italien und im Ausland gehören.

Das Meer um Sardinien ist auch heute noch kristallklar und einladend.

Register

R

S

T

U, V

W

Z

Der Verlag dankt

Marchesi de' Frescobaldi (Florenz), La Bottega dell'Olio (Florenz), Baroni (Florenz),
Dino Bartolini (Florenz), C.I.D.A. Srl (Florenz), Cardelli e Gagliotti (Florenz)
Mastrociliegia (Fiesole, Florenz)
für die freundliche Bereitstellung der Fotorequisiten.

Giuliano Cappelli, Florenz: 10 o.l., 10 u.l., 11 o., 11 u., 12 u.l., 13 o.r., 13 m.r., 13 u.r.,
33 o.r., 43 o.r., 55 u.r., 60 u.r., 61 u.l.
Marco Nardi (Florenz): 35 u.r., Scala Group (Florenz) 9 u.r.

Alle anderen Fotos durch Marco Lanza und Walter Mericchi.

Arrigo Cipriani

Harry's Bar Kochbuch

Die schönsten Rezepte aus dem legendären Restaurant in Venedig

328 Seiten, mit zahlreichen Farbabbildungen

ISBN 3-453- 06269-8

Harry's Bar in Venedig ist seit sieben Jahrzehnten ein Anziehungspunkt für Lebenskünstler, Weltenbummler und Gourmets aus aller Welt, denn das elegante Restaurant hat seinen unverwechselbaren Charme und sein einzigartiges Flair bewahrt. »Eine geniale Mischung aus Luxus und Einfachheit« hat der Hausherr Arrigo Cipriani sein Restaurant genannt. Diese geniale Mischung zeichnet auch die Spezialitäten des Hauses aus, brillante Rezeptideen, die weltweit imitiert worden sind. In diesem Buch verrät der Hausherr die Originalrezepte zum ersten Mal.

Rotraud Degner

Olivenöl

Der Guide für Feinschmecker

Mit über 30 typischen regionalen Olivenöl-Rezepten.

250 Seiten, mit zahlreichen Farbabbildungen

ISBN 3-453-08706-2

Dieser Guide listet 130 der besten Olivenöle aus Italien, Spanien, Frankreich, Griechenland und Portugal auf; sie sind hier mit Flasche und Etikett vorgestellt. Nach Art eines Weinführers aufgebaut und nach Herkunftsländern und Regionen untergliedert, liefert er Informationen über die charakteristischen Merkmale der Olivenöle wie Farbe, Duft und Geschmack.

Ein unentbehrlicher Wegweiser für Hobby- und Profiköche sowie jeden passionierten Feinschmecker.